essentials

essentials liefern aktuelles Wissen in konzentrierter Form. Die Essenz dessen, worauf es als „State-of-the-Art" in der gegenwärtigen Fachdiskussion oder in der Praxis ankommt. *essentials* informieren schnell, unkompliziert und verständlich

- als Einführung in ein aktuelles Thema aus Ihrem Fachgebiet
- als Einstieg in ein für Sie noch unbekanntes Themenfeld
- als Einblick, um zum Thema mitreden zu können

Die Bücher in elektronischer und gedruckter Form bringen das Fachwissen von Springerautor*innen kompakt zur Darstellung. Sie sind besonders für die Nutzung als eBook auf Tablet-PCs, eBook-Readern und Smartphones geeignet. *essentials* sind Wissensbausteine aus den Wirtschafts-, Sozial- und Geisteswissenschaften, aus Technik und Naturwissenschaften sowie aus Medizin, Psychologie und Gesundheitsberufen. Von renommierten Autor*innen aller Springer-Verlagsmarken.

Weitere Bände in der Reihe http://www.springer.com/series/13088

Alexander Tiffert

Coaching von Mitarbeitern im persönlichen Verkauf

Nachhaltige Kompetenzentwicklung für den Face-to-Face-Kontakt mit Kunden

2., überarbeitet und erweitert Auflage

Alexander Tiffert
Lübeck, Deutschland

ISSN 2197-6708 ISSN 2197-6716 (electronic)
essentials
ISBN 978-3-658-34299-9 ISBN 978-3-658-34300-2 (eBook)
https://doi.org/10.1007/978-3-658-34300-2

Die Deutsche Nationalbibliothek verzeichnet diese Publikation in der Deutschen Nationalbibliografie; detaillierte bibliografische Daten sind im Internet über http://dnb.d-nb.de abrufbar.

Planung/Lektorat: Angela Meffert
Springer Gabler ist ein Imprint der eingetragenen Gesellschaft Springer Fachmedien Wiesbaden GmbH und ist ein Teil von Springer Nature.
Die Anschrift der Gesellschaft ist: Abraham-Lincoln-Str. 46, 65189 Wiesbaden, Germany

Was Sie in diesem *essential* finden können

- Eine komprimierte Darstellung der Grundlagen zum Coaching von Mitarbeitern
- Eine Beschreibung ausgewählter Methoden und Techniken bei einem Coaching
- Konkrete Einblicke, wie Führungskräfte heute ihre Vertriebsmitarbeiter coachen
- Eine praktische Anleitung für ein Mitarbeitercoaching im persönlichen Verkauf
- Eine komprimierte Darstellung zu Besonderheiten bei einem virtuellen Coaching
- Empfehlungen zur weiterführenden Umsetzung

Vorwort zur zweiten Auflage

Seit der Veröffentlichung der ersten Auflage sind mittlerweile vier Jahre vergangen. In dieser Zeit ist im Umfeld des persönlichen Verkaufs einiges passiert.

Zum einen haben viele neue Technologien Einzug gehalten und die Komplexität der professionellen Verkaufsarbeit hat sich insgesamt weiter erhöht. Als ein Beispiel ist hier der deutliche Anstieg der Bedeutung von virtuellen Kommunikationswegen zu nennen. Hieraus resultiert eine Reihe von ganz neuen Anforderungen an die Mitarbeiter beim Kundenkontakt.

Zum anderen hat sich aber auch gezeigt, dass sich die besondere Bedeutung des persönlichen Verkaufs erhalten hat. Auch wenn das Thema Digitalisierung im Verkauf einen immer größeren Stellenwert einnimmt, zeigt sich doch, dass gerade im beratungsintensiven Verkauf auf den persönlichen Kontakt zwischen Kunden und Verkäufern nicht verzichtet werden kann. Der persönliche Kontakt ist ein wichtiger Faktor zur Differenzierung. Dies gilt allerdings nur, wenn der Verkäufer tatsächlich in der Lage ist, während der Interaktion einen Mehrwert für den Kunden zu kreieren.

Insgesamt lässt sich feststellen, dass die Anforderungen an Verkaufsmitarbeiter eher noch weiter zunehmen. Damit gewinnt selbstverständlich auch die Frage, wie Führungskräfte die notwendige Kompetenzentwicklung unterstützen können, weiter an Bedeutung. Und gerade hier kann ein gezieltes Coaching wertvolle Unterstützung leisten. Das Thema ist also aktueller denn je.

Darüber hinaus hat das *essential* erfreulicherweise auch in der Verkaufspraxis in den letzten Jahren einen großen Anklang gefunden. So entstand die Idee für eine zweite Auflage. Diese wurde nun umfassend überarbeitet und aktualisiert. Beispielsweise wurde ein Kapitel zu einigen Hintergründen eines virtuellen Coachings mit aufgenommen.

An dieser Stelle möchte ich mich abermals sehr herzlich bei meinen Kunden für die zahlreichen Anregungen und die vielen eigenen Lernerfahrungen in den letzten beiden Jahrzenten bedanken. Ebenfalls bedanken möchte ich mich bei Frau Angela Meffert vom Verlag Springer Gabler für die wie immer überaus angenehme Zusammenarbeit.

Lübeck
im Sommer 2021

Alexander Tiffert

Vorwort zur ersten Auflage

Seit fast eineinhalb Jahrzehnten begleite ich Unternehmen bei der Bewältigung teilweise sehr komplexer Veränderungsprozesse vor allem im Bereich des Vertriebs. Zu meinen Kunden zählen Unternehmen verschiedenster Größenordnungen aus den unterschiedlichsten Branchen.

In all den Jahren hat sich dabei immer wieder gezeigt, dass eine nachhaltige Umsetzung von Veränderungen nur unter aktiver Einbeziehung der Führungskräfte des jeweiligen Unternehmens gelingt. Bei keinem meiner Kunden hat es ausgereicht, Veränderungsvorhaben lediglich anzukündigen, ein paar Prozesse und Steuerungsinstrumente zu justieren und im besten Fall die Mitarbeiter dann noch in ein oder zwei Trainingsmaßnahmen zu schicken.

Gerade bei der Umsetzung neuer Vertriebskonzepte ist es unabdingbar, dass die jeweiligen Vertriebsführungskräfte den Prozess der Verhaltensveränderung durch ein engmaschiges Aktivitätsmanagement und durch aktives Coaching der Mitarbeiter unterstützen. Mitarbeiter zu coachen, bedeutet dabei, jedem Einzelnen individuell zu helfen, mit den neuen Anforderungen umgehen zu lernen und die eigenen Kompetenzen aufbauend auf den bereits vorhandenen Erfahrungen gezielt weiterzuentwickeln.

Immer wieder habe ich allerdings auch die Erfahrung gemacht, wie schwierig es für Führungskräfte ist, die Rolle eines Coachs einzunehmen. Zwar begleiten Führungskräfte ihre Mitarbeiter bei gemeinsamen Kundenbesuchen und geben ihnen Feedback, aber mit einem Coaching im eigentlichen Sinne hat dies wenig zu tun.

Deswegen habe ich vor mehreren Jahren angefangen, parallel zu den originären Veränderungsprozessen Führungskräfte im Rahmen eines speziellen offenen Weiterbildungsprogramms bei der Weiterentwicklung der eigenen Coachingkompetenz zu unterstützen.

Die ursprüngliche Idee zu dem vorliegenden *essential* war es, einen Begleitband für dieses Ausbildungsprogramm zu verfassen. Am Ende ist daraus aber eine ganz eigenständige Einführung in das Thema Coaching und speziell das Coaching im persönlichen Verkauf entstanden.

An dieser Stelle möchte ich mich sehr herzlich bei meinen Kunden für die zahlreichen Anregungen und die vielen eigenen Lernerfahrungen in den letzten Jahren bedanken. Ebenfalls bedanken möchte ich mich bei Frau Angela Meffert vom Verlag Springer Gabler für die überaus angenehme Zusammenarbeit.

Lübeck
im Sommer 2017

Alexander Tiffert

Einleitung

Hintergrund und Fragestellung

Vor dem Hintergrund immer komplexer werdender und schneller verlaufender Marktentwicklungen stehen Unternehmen – ganz gleich welcher Branche – vor der Herausforderung, sich immer wieder neu auszurichten. Damit dies gelingt, müssen die Mitarbeiter entsprechend motiviert und ihre Kompetenzen stetig weiterentwickelt werden.

Das Coaching von Mitarbeitern durch ihre Vorgesetzten gilt in Fachkreisen als ein sehr gut geeignetes Instrument, um Mitarbeiter bei der Kompetenzentwicklung gezielt und individuell zu unterstützen. Im Unterschied zum klassischen Training, bei dem Expertenwissen vermittelt wird, ist es das Ziel von Coaching, den jeweiligen Mitarbeiter dabei zu begleiten, seine ganz eigenen Lösungen für anstehende Probleme zu finden. Das ist eine zentrale Führungsaufgabe, die in vielen Unternehmen fest in dem jeweiligen Stellenprofil verankert ist.

Beim Blick in die Praxis fällt allerdings auf, dass in weiten Bereichen die Führungskräfte weder genau wissen, wie ein Coaching ablaufen sollte, noch entsprechende Methoden kennen, um ihre Mitarbeiter gezielt zu unterstützen. In der Folge erteilen sie oftmals nur Ratschläge, die vor allem von ihren individuellen Erfahrungen abhängen. Das Potenzial eines begleiteten Problemlösungsprozesses und des Findens eigener Lösungen wird so in keiner Weise ausgeschöpft. Insofern stellt sich die Frage, wie ein wirkungsvolles Coaching von Mitarbeitern grundsätzlich gelingen kann.

Dieser Frage soll speziell für den persönlichen Verkauf nachgegangen werden, da gerade in diesem Bereich die Mitarbeiter ihre Verkaufskompetenzen ständig weiterentwickeln müssen. Zwar werden in vielen Bereichen des persönlichen Verkaufs Mitarbeiter bereits regelmäßig durch ihre Vorgesetzten zumeist in konkreten Verkaufssituationen gecoacht. Wie wir später noch sehen werden, ist allerdings die Diskrepanz zwischen Anforderungen an ein professionelles Vorgehen und tatsächlicher Umsetzung sehr groß. In diesem *essential* sollen Führungskräfte daher eine Anleitung erhalten, wie sie beim Coaching ihrer Verkaufsmitarbeiter ganz konkret vorgehen können.

Aufbau und Inhalt des *essentials*

In Kap. 1 wird ein Überblick über die Grundlagen des Coachings von Mitarbeitern gegeben. Dazu werden zunächst die Herkunft und die heutige Verwendung des Begriffs (Abschn. 1.1), unterschiedliche Formate (Abschn. 1.2) sowie Grundbedingungen für ein erfolgreiches Coaching (Abschn. 1.3) erläutert.

In Kap. 2 werden Methoden und Techniken für die Coachingpraxis vorgestellt. Zunächst wird ein Ablaufmodell für eine einzelne Coachingsitzung beschrieben (Abschn. 2.1) und dann werden verschiedene Techniken vorgestellt (Abschn. 2.2, 2.3, 2.4, 2.5, 2.6, 2.7 und 2.8).

In Kap. 3 wird erörtert, wie Führungskräfte beim Coaching ihrer Mitarbeiter im persönlichen Verkauf aktuell vorgehen. Hier werden zunächst der Begriff und die Besonderheiten des persönlichen Verkaufs erklärt (Abschn. 3.1), bevor der Status quo beschrieben wird (Abschn. 3.2 und 3.3). Zum Abschluss erfolgt ein Abgleich der aktuellen Vorgehensweisen mit dem Grundverständnis von Coaching und es werden konkrete Entwicklungsfelder benannt (Abschn. 3.4).

In Kap. 4 werden die vorherigen Ausführungen zusammengebracht, um eine Anleitung für ein Mitarbeitercoaching im persönlichen Verkauf zu entwerfen. Es wird ein konkretes Vorgehen mit unterschiedlichen Phasen vorgestellt (Abschn. 4.1) und schließlich werden Hinweise zur Gestaltung eines kompletten Entwicklungsprozesses gegeben (Abschn. 4.2).

In Kap. 5 erhalten Führungskräfte eine ganze Reihe erprobter Empfehlungen für das Coaching ihrer Mitarbeiter. Zunächst geht es dabei um das Bewusstsein der Stärken und Schwächen eines Vorgesetztencoachings (Abschn. 5.1), um Empfehlungen für einen gelingenden Rollenwechsel (Abschn. 5.2) sowie abschließend um die Grenzen eines Coachings (Abschn. 5.3).

In Kap. 6 wird sich mit dem Wesen und den Besonderheiten eines virtuellen Coachings befasst. Zunächst wird der Begriff erklärt (Abschn. 6.1) und dann werden konkrete Herausforderungen samt Lösungsideen besprochen (Abschn. 6.2). Zum Ende des Kapitels werden nach einem Blick in die eigene Praxis bewährte Tools kurz vorgestellt (Abschn. 6.3).

Den Abschluss der gesamten Ausführung bildet Kap. 7 mit einem kurzen Resümee und Fragen zur Selbstreflexion und zum Wissenstransfer.

Inhaltsverzeichnis

Grundlagen zum Coaching von Mitarbeitern

1

1.1 Herkunft und Verwendung des Begriffs „Coaching"

Als Instrument der Personalentwicklung wurde Coaching seit Mitte der 1980er-Jahre immer populärer (Rauen, 2001). Ursprünglich handelte es sich primär um ein Angebot für Führungskräfte der oberen Managementebene und sollte diesen helfen, den Mangel an Feedback auszugleichen und einen konstruktiven Umgang mit Isolationsgefühlen, Leistungsdruck und Überforderung zu finden (Rauen, 2001). Mittlerweile hat sich Coaching auf allen Managementebenen fest etabliert und ein Blick in den aktuellen Managementalltag offenbart sehr deutlich: Coaching ist regelrecht „in". Nach Recherchen des Onlineportals „Karrierebibel" hat sich jeder zweite Manager in den vergangenen fünf Jahren einen Coach gesucht (o. A., 2021).

Aber auch außerhalb des Unternehmenskontextes ist es zu einem regelrechten Coachingboom gekommen. Heute begegnet uns der Begriff in fast jedem Lebensbereich: Es gibt „Abnehmcoaching", „Beziehungscoaching", „Hundecoaching" und sogar „Zaubercoaching". Da der Begriff nicht geschützt ist, kann jeder daraus machen, was gut klingt und möglichst viele neue Kunden verspricht.

Eine unpräzise Begriffsverwendung ist dabei auch im vermeintlich professionellen Umfeld nicht selten. Dies zeigt sich beispielsweise bei einem Blick in Stellenausschreibungen – nachzulesen in den gängigen Jobportalen –, in denen „Vertriebscoaches" gesucht werden. Beim Abgleich der aufgeführten Anforderungsprofile und definierten Aufgaben zeigt sich oftmals: Gesucht werden keine Vertriebscoaches, sondern Vertriebsexperten, welche im Rahmen von Trainingsmaßnahmen ihr Erfahrungswissen praxisorientiert vermitteln sollen.

Ein Coaching ist allerdings bei weitem nicht das Gleiche wie ein Training oder eine fachliche Anleitung. Vielmehr handelt es sich hierbei um völlig

A. Tiffert, *Coaching von Mitarbeitern im persönlichen Verkauf,* essentials,
https://doi.org/10.1007/978-3-658-34300-2_1

unterschiedliche Instrumente, die einem gegensätzlichen Verständnis von Kompetenzentwicklung folgen.

Insofern lohnt es sich, zunächst erst mal genau hinzuschauen, wo der Begriff herkommt und was grundsätzlich an dieser Stelle darunter verstanden werden soll.

Der Begriff „Coach" stammt aus dem Ungarischen und stand ursprünglich für „Kutsche" bzw. später auch für „Kutscher" (Spreng, 2005). So wie die Kutsche ein geschützter Raum zur Beförderung von einem Start- zu einem Zielpunkt ist, kann auch Coaching als geschützter Raum verstanden werden, in dem durch Reflexion neue Perspektiven erschlossen werden und der Klient – also derjenige, der das Coaching erhält – zu neuen Handlungsoptionen gelangt (Spreng, 2005). Im Rahmen der Metapher der Kutschfahrt ist der Kutscher nicht nur derjenige, der die Kutsche auf einem guten Weg hält, sondern er macht basierend auf seiner Erfahrung den Reisenden immer wieder auf scheinbar Nebensächliches am Wegesrand aufmerksam (Spreng, 2005). Die Besonderheit der Lösungsfindung im Coaching ist es, dass der Klient die notwendigen Erkenntnisschritte selbst vollzieht. Dies geschieht dadurch, dass der Coach durch geeignete Methoden – etwa gezieltes Hinterfragen – beim Klienten Prozesse der ergebnisorientierten Selbstreflexion (Greif, 2008) anregt, sodass dieser zu neuen Einsichten und darauf aufbauend zu neuen Handlungsoptionen kommt. Zusammenfassend wird folgende Definition vorgeschlagen:

▶ Unter **Coaching** verstehen wir die systematische Begleitung eines Klienten bei der Entwicklung neuer Perspektiven. Ziel ist es, dass der Klient hierdurch für eine bestimmte Fragestellung eigenständig eine für ihn und in seinem Kontext neue und stimmige Lösung findet.

Lösungen, die selbst vom Klienten gefunden werden, sind in besonderer Weise nachhaltig, da sie optimal auf den individuellen Kompetenzen des Klienten aufbauen und diese nutzen.

In der Praxis hat sich zudem gezeigt, dass sich durch ein regelmäßiges Coaching oftmals grundsätzlich die Fähigkeit zur Selbstreflexion erhöht und damit die Problemlösungskompetenz des Klienten insgesamt gesteigert werden kann.

Wie bereits angesprochen wird der Begriff Coaching allerdings sehr häufig als Synonym für „Training", „fachliche Beratung" oder insgesamt für „Anleitung aus Expertensicht" verwendet.

Beim Training oder auch bei der fachlichen Beratung geht es allerdings vor allem um einen hohen Anteil an fachlichem Input und die Vermittlung von „richtigem" Wissen bzw. angemessenem Verhalten aus der Perspektive eines Experten.

Tab. 1.1 Unterschiede zwischen Coaching und Training. (In Anlehnung an Rauen, 2014, S. 11 ff.)

Besondere Merkmale eines Coachings	Besondere Merkmale eines Trainings	Besondere Merkmale der fachlichen Beratung
Hilfe zur Selbsthilfe	Anleitung zum Auf- und Ausbau spezifischer Verhaltensweisen	Analyse der Arbeitsaufgabe
Coach ist Zuhörer und Begleiter	Trainer ist Anleiter	Berater ist Ratgeber
Zielt auf Reflexion	Zielt auf konkrete Wissensvermittlung	Zielt auf konkretes Anleiten und fachliche Lösungen
Kann auch die persönliche Entwicklung betreffen	Betrifft in der Regel rein berufliche Verhaltensweisen	Betrifft in der Regel rein berufliche Themen
Coach und Klient bestimmen zusammen den Inhalt und Ablauf	Trainer bestimmt den Inhalt und Ablauf und leitet den Klienten gezielt an	Berater bestimmt den Inhalt und Ablauf, nimmt dem Klienten die Verantwortung
Coach und Klient agieren auf Augenhöhe	Trainer agiert aus der Position des „Wissenden" heraus	Berater ist Fachexperte auf seinem Gebiet

Weitere Merkmale des Trainings und der fachlichen Beratung im Unterschied zum Coaching fasst Tab. 1.1 zusammen.

Die vielerorts beobachtbare Verwässerung des Begriffs Coaching ist insofern problematisch, als damit für einen potenziellen Klienten oftmals gar nicht erkennbar ist, worauf er sich tatsächlich einlässt und welche konkrete Unterstützung er erwarten kann. Entsprechend ist es wichtig, zu Beginn eines Coachings die Zielsetzungen und die Rolle des Coaches genau zu besprechen.

Problematisch ist weiterhin, dass es keine unabhängigen Qualitäts- oder Ausbildungsstandards gibt und es daher im Bedarfsfall gar nicht so einfach ist, einen guten bzw. den „richtigen" Coach zu finden und auszuwählen. Verschiedene Berufsverbände versuchen, durch das Angebot von Zertifizierungen für etwas mehr Transparenz zu sorgen, allerdings steht dahinter häufig auch ein eigenes ökonomisches Interesse der Zertifizierungsanbieter. Potenzielle Klienten sollten sich daher auch nicht nur auf entsprechende Zertifikate verlassen, sondern im Rahmen der Kontaktaufnahme die Erfahrung und vor allem Ausbildung des Coaches jeweils individuell hinterfragen.

1.2 Unterschiedliche Coachingformate

Ein Coaching kann in verschiedenen Formaten angeboten werden. Als erstes Unterscheidungsmerkmal ist zunächst der Adressatenkreis zu betrachten. Damit ist gemeint, ob sich das Coaching an einen einzelnen Klienten oder an eine Gruppe von mehreren Personen richtet.

Im häufigsten Fall findet ein Coaching in Form einer Einzelbegleitung eines Klienten statt. Es kann sich aber auch an eine Gruppe richten. Hierbei sprechen wir dann explizit von einem Gruppencoaching. Dies findet beispielsweise bei der Begleitung einer Teamentwicklung oder auch der Unterstützung von Managementteams im Rahmen von Veränderungsprozessen Anwendung.

Ein weiteres Unterscheidungsmerkmal ergibt sich aus der Frage, durch wen das Coaching durchgeführt wird. Coaching kann sowohl durch einen unternehmensexternen als auch einen unternehmensinternen Coach durchgeführt werden, zum Beispiel durch Mitarbeiter der Personalentwicklung oder auch durch den direkten Vorgesetzten (Rauen, 2005a, 2014). Gerade im angloamerikanischen Raum ist ein Coaching durch die Führungskraft sehr populär und gewinnt auch im deutschsprachigen Raum immer mehr an Bedeutung (Rauen, 2014).

In Tab. 1.2 sind verschiedene Coachingformate und jeweilige besondere Merkmale zusammengefasst.

In der einschlägigen Fachliteratur werden je nach Autor weitere Formen unterschieden, wie etwa ein Selbstcoaching oder ein Organisationscoaching (Rauen, 2001). Für unsere Fragestellung spielen diese Formen allerdings keine Rolle und werden daher nicht betrachtet. Ebenso sollen im weiteren Verlauf die verschiedenen Formen eines Gruppencoachings vernachlässigt werden, da sie im persönlichen Verkauf nur sehr begrenzt Anwendung finden und zudem die Kompetenzen und Ressourcen der Vertriebsführung sicherlich übersteigen würden (Rauen 2014).

1.3 Grundbedingungen für ein erfolgreiches Coaching

Aus der Grundidee, dass der Klient angeleitet werden soll, seine eigene Lösung zu finden, ergeben sich einige grundsätzliche Voraussetzungen, welche für ein erfolgreiches Coaching erfüllt sein müssen. Diese sind (vgl. zum Folgenden Rauen, 2005b):

Tab. 1.2 Arten von Coaching und unterschiedliche Settings. (In Anlehnung an Rauen, 2014, S. 26 f.)

	Einzelcoaching	Gruppencoaching
Unternehmensexterner Coach	Trend: weit verbreitete und etablierte Coachingvariante, Nachfrage weiter steigend	Trend: verbreitete Coachingvariante, Nachfrage weiter steigend
	Funktion: Coaching für Fach- und Führungskräfte auf allen Managementebenen oder auch für Freiberufler	Funktion: Optimierung der Zusammenarbeit von Gruppen, zum Beispiel als begleitende Maßnahme bei Veränderungsprozessen
Unternehmensinterner Coach aus einer Stabsfunktion heraus	Trend: in größeren Unternehmen/Vertriebseinheiten immer häufiger anzutreffen	Trend: sich immer weiter entwickelnde Coachingvariante
	Funktion: bei entsprechender Auslastung kosteneffiziente Variante eines „quasi" externen Coachings für Führungskräfte des mittleren und unteren Managements oder Fachkräfte	Funktion: bei entsprechender Auslastung kosteneffiziente Variante eines „quasi" externen Coachings zur Optimierung der Zusammenarbeit von Gruppen; insbesondere bei größeren oder mehreren Gruppen auf einmal arbeiten hier zunehmend interne und externe Coachs zusammen
Unternehmensinterner Coach als direkter Vorgesetzter	Trend: heute sehr verbreitete Variante, Anforderung immer weiter steigend	Gehört in der Regel nicht zu den Aufgaben einer Führungskraft, da es ihre Kompetenzen und Zeitressourcen übersteigt
	Funktion: Teil der der entwicklungsorientierten Führungsaufgabe	
	Zielgruppe: rangniedrigere Mitarbeiter	

- *Freiwilligkeit:* Ein Coaching sollte immer freiwillig und vom Klienten gewünscht sein. Dies bedeutet, dass der Klient für sich selbst die Notwendigkeit eines Entwicklungsprozesses eingesehen hat und bereit ist, hierzu auch an sich selbst zu arbeiten. Zu Beginn eines Coachings sollte dies konkret thematisiert bzw. vom Coach hinterfragt werden. Aber auch der Coach sollte sich aus „freien Stücken" für einen gemeinsamen Prozess mit dem Klienten entschieden haben.

- *Vertraulichkeit:* Um eine offene Arbeitsatmosphäre zu schaffen, sollte vereinbart werden, dass die im Coaching thematisierten Inhalte durch den Coach nicht nach außen gegeben werden. In keinem Fall dürfen die Coachinginhalte zur Beurteilung des Klienten missbraucht werden. Dem Klienten hingegen sollte es freistehen, wem er welche Details des Prozesses berichten möchte. In der Praxis hat es sich bewährt, gleich zu Beginn eines Coachingprozesses mit dem Klienten gemeinsam abzustimmen, wie und auf welche Weise ein Abschlussfeedback an mögliche Dritte gegeben werden soll.
- *Persönliche Akzeptanz:* Die Beziehung zwischen Klient und Coach sollte zudem durch eine gegenseitige persönliche Akzeptanz geprägt sein. Gibt es auf einer der beiden Seiten etwaige Vorbehalte, sollten diese thematisiert und ausgeräumt werden.
- *Eigenverantwortung:* Die Einsicht in den Entwicklungsbedarf und die Bereitschaft, daran zu arbeiten, sind wichtig, aber noch nicht ausreichend. Der Klient muss auch gewillt sein, Selbstverantwortung für die Lösung der anstehenden Probleme zu übernehmen. Dies kann nur gelingen, wenn der Klient auch bereit ist, einen möglichen eigenen Anteil am Problem zu erkennen.
- *Selbststeuerungsfähigkeit:* Eine weitere Grundbedingung ist, dass ein Coachingklient über ein ausreichendes Maß an Selbststeuerungs- bzw. Selbstmanagementfähigkeit verfügen muss (Rauen, 2014). Er muss in der Lage sein, seine eigenen Ziele zu formulieren und Entscheidungen zu treffen sowie diese gegen innere und äußere Widerstände umzusetzen (Kuhl, 2001). Ist ein Klient beispielsweise durch eine akute Krisensituation – Unfall o. Ä. – so stark emotional betroffen, dass dies nicht mehr gegeben ist, muss ein Coach seine Grenzen erkennen. Gegebenenfalls ist der Klient an einen Psychotherapeuten zu vermitteln.

Die hier vorgestellte Aufzählung ist ein grober Überblick. Grundsätzlich sollte immer überlegt werden, welche speziellen Faktoren in der jeweiligen Beziehung zwischen Coach und Klient noch wichtig sind und wie diese entsprechend berücksichtigt werden können.

2 Methoden und Techniken für die Coachingpraxis

2.1 Basismethode für den Ablauf einer Coachingsitzung

Natürlich ist der Verlauf einer Coachingsitzung nicht immer planbar und hängt auch jeweils vom Thema bzw. von der Fragestellung des Klienten ab. Dennoch lässt sich zumindest ein Überblick über den typischen Verlauf einer Coachingsitzung geben. In der Literatur recht populär ist hierfür das GROW-Modell von Whitmore (1994). Nach diesem Modell lassen sich folgende vier Phasen einer Coachingsitzung unterscheiden, welche nacheinander bearbeitet werden sollten (vgl. zum Folgenden Whitmore, 1994). An diesem Fahrplan kann sich jeder Coach grundsätzlich orientieren, um einen Klienten bei der Lösungssuche zu begleiten. Wir werden im Folgenden kurz auf die einzelnen Phasen eingehen.

1. Phase der Zielfindung: *Goal setting*
Zu Beginn jeder Coachingsitzung gilt es, das Ziel für das anstehende Gespräch festzulegen *(goal setting).* Dabei wird zwischen Coach und Klient abgestimmt, welches Entwicklungsziel in dieser Einheit erreicht werden soll. Ziele, die hier vereinbart werden, sollten messbar sein bzw. auf der Ebene des beobachtbaren Verhaltens liegen. Insgesamt sollten nur solche Ziele vereinbart werden, die im eigenen Einflussbereich des Klienten liegen.

In der Praxis hat es sich zudem bewährt, dass das Ziel vom Klienten selbst formuliert und auch selbst aufgeschrieben wird. Dies zwingt ihn zur inneren Klarheit und fördert das Commitment, also die Bindung an das Ziel (Nerdinger, 2000).

A. Tiffert, *Coaching von Mitarbeitern im persönlichen Verkauf,* essentials,
https://doi.org/10.1007/978-3-658-34300-2_2

2. Phase der Analyse der Ausgangssituation: *Reality checking*

Nachdem das Ziel festgelegt wurde, beginnt die gemeinsame Analyse der aktuellen Situation *(reality checking)*. Hierbei erkunden Coach und Klient die Ausgangssituation näher und eruieren relevante Rahmenbedingungen sowie mögliche Lösungsversuche in der Vergangenheit. Es ist sicher immer gut, wenn der Coach auch ein gewisses Verständnis des Problems entwickelt; entscheidend ist allerdings, dass der Klient ein klareres Bild der Ist-Situation gewinnt, da die Lösung später durch ihn gefunden werden muss.

Rauen (2014, S. 68) weist explizit darauf hin: „Es ist zwar für den Coaching-Prozess wesentlich, dass der Coach die Anliegen des Klienten umfassend erfasst und versteht. Noch bedeutsamer ist es, dass der Gecoachte dazu in der Lage ist. Die Problemlösung muss ‚im Kopf' des Klienten stattfinden. Daher ist die Mitarbeit des Klienten so wichtig. Coaching kann nicht funktionieren, wenn der Klient den Vollzug einer (möglichst schnellen und reibungslosen) Dienstleistung ohne nennenswerte Mitwirkung erwartet."

Nicht selten passiert es, dass aufgrund einer genaueren Analyse der Ausgangssituation auch die Zielsetzung noch einmal justiert werden muss. Dies sollte nicht als fehlerhafte ursprüngliche Zielklärung interpretiert werden. Vielmehr zeigt sich dadurch, dass bereits durch ein Hinterfragen der Ausgangssituation erste Einsichten und Erkenntnisse möglich sind.

3. Entwicklung von Handlungsoptionen: *Options*

In der nächsten Phase geht es um das Entwickeln konkreter Lösungsideen *(options)*. Hier ist es besonders wichtig, dass der Coach sich mit eigenen Ideen möglichst zurückhält und den Klienten vielmehr dabei unterstützt, seine eigenen Lösungen zu finden. Der Coach kann dies tun, indem er versucht, eine Arbeitsatmosphäre zu kreieren, in der möglichst wertfrei unterschiedliche Alternativen gedacht werden können und vor allem auch immer wieder Annahmen hinterfragt werden. Gerade wenn der Klient sich durch Aussagen wie „geht nicht", „zu teuer" o. Ä. immer wieder beschränkt, kann der Coach ihn durch Fragen dazu einladen, solche Vorannahmen fallen zu lassen.

4. Phase der Planung der Umsetzung: *What when who will*

In der vierten Phase geht es darum zu klären, was genau zu tun ist *(what when who will)* – also um eine Umsetzungsplanung der gefundenen Ansätze. Auch hier sollte sich der Coach zunächst mit eigenen Ideen zurückhalten und diesen Prozess vielmehr durch Fragen strukturieren und steuern. Whitmore (1994) empfiehlt beispielsweise folgende Fragen (vgl. auch Rauen, 2001, S. 79):

- *Was werden Sie tun?* Diese Frage fordert den Klienten auf, die Lösungsideen konkret umzusetzen.
- *Wann werden Sie es tun?* Diese Frage fördert die Planung der Umsetzung und evoziert in besonderer Weise ein Commitment des Klienten.
- *Wird die Handlung zum gewünschten Ziel führen?* Hierdurch wird noch einmal überprüft, ob die Lösungsideen tatsächlich praktikabel bzw. Erfolg versprechend sind.
- *Auf welche Hindernisse könnten Sie stoßen?* Mit dieser Frage sollen erwartbare Risiken der Zielerreichung identifiziert werden, damit anschließend mögliche Gegenmaßnahmen gefunden werden können.
- *Wer muss es wissen?* Hier gilt es, eine Liste mit Personen zu erstellen, welche über die Zielsetzung und die geplanten Umsetzungsmaßnahmen informiert werden sollten.
- *Welche Unterstützung benötigen Sie?* Hier ist festzulegen, welche Personen als Unterstützung gebraucht werden, aber auch, welche Sachmittel und sonstige Ressourcen notwendig sind.
- *Wie und wann werden Sie diese Unterstützung erhalten?* Hierbei sollte der Coach so lange nachfragen, bis der Klient entsprechend klare Antworten geben kann.
- *Welche anderen Überlegungen haben Sie?* Hierdurch wird noch einmal überprüft, ob alle wesentlichen Aspekte besprochen wurden. Sollte dies nicht der Fall sein, müssen noch weitere Aspekte bearbeitet werden.
- *Bewerten Sie auf einer Skala von eins bis zehn, wie sicher Sie sich sind, dass Sie die vereinbarten Handlungen auch ausführen werden.* Diese Aufforderung dient als abschließender Test, wie hoch das Commitment des Klienten gegenüber seinen eigenen Lösungsvorschlägen ist.

Zum Abschluss hat es sich bewährt, dass der Klient die erarbeiteten Punkte noch einmal selbst schriftlich festhält.

Nachdem wir den Aufbau einer Coachingsitzung besprochen haben, wollen wir nun auf unterschiedliche Coachingtechniken eingehen, welche sich zur Perspektivenerweiterung im Coaching bewährt haben.

2.2 Verschiedene Techniken für die Coachingarbeit

Der Dialog ist im Coaching sicherlich die entscheidende Interventionsform, doch es gibt eine Vielzahl von weiteren Techniken (Rauen, 2005b). Neben dem konkreten *Hinterfragen* der bisherigen Sicht-, Erklärungs- und Vorgehensweisen des

Klienten mit dem Ziel, Wahrnehmungsblockaden aufzulösen, kann ein Coach beispielsweise auch die Vor- und Nachteile eines möglichen Lösungswegs im Rahmen einer *Rollensimulation* durchspielen oder dem Klienten *Feedback* anbieten. Zudem ist oftmals bereits die gemeinsame *Zielklärung* ganz zu Beginn eines Coachingprozesses für den Klienten eine wertvolle Intervention, da er bei der Konkretisierung des Ziels schon seine Gedanken sortieren kann.

Mittlerweile gibt es ganze Sammelbände, in denen die verschiedensten Techniken für die Arbeit im Coaching beschrieben sind (Prohaska, 2013; Wehrle, 2020). Welche der Techniken jeweils zur Anwendung geeignet ist, sollte stark vom Thema, von der Passung zum Klienten und natürlich auch der spezifischen Herangehensweise des Coachs abhängig gemacht werden.

Das Ziel aller Interventionen im Coaching sollte immer die Erweiterung der Perspektiven und damit der Wahlmöglichkeiten des Klienten sein. Dies gilt sowohl für die Ebenen des Denkens und der Wahrnehmung als auch des Handelns (Rauen, 2001). Nicht zuletzt aus ethischen Gründen verbietet sich die Anwendung von Techniken mit dem Ziel der Manipulation oder auch von Verfahren, deren Wirkung für den Klienten nicht transparent gemacht werden kann (Rauen, 2001).

2.3 Fragen als Basistechniken im Coaching

Die zentrale Basistechnik der Coachingarbeit ist es, unterschiedliche *Fragen* zu stellen. Mittels geeigneter Fragen können nicht nur notwendige Informationen gesammelt, sondern auch ganz konkret Sichtweisen und Erklärungsmuster reflexiv aufgeweicht und damit neue Lösungsansätze entwickelt werden. Dabei lassen sich folgende Arten von Fragen unterscheiden:

- Fragen zum Kontext: um die Rahmenbedingungen, Beeinflussungen und Wechselwirkungen zu erfassen und transparent zu machen. Beispiel: *„Wie zeigt sich das Thema konkret?“*
- Fragen nach Unterscheidungen, Gemeinsamkeiten und Ausnahmen: um Unterschiede in der Wahrnehmung, in den Sichtweisen und in der Bewertung von Sachverhalten und Personen deutlich zu machen und Differenzierungen zu ermöglichen. Beispiel: *„Zeigt Ihr Mitarbeiter immer dieses Verhalten oder gibt es auch andere Beispiele? Wie erklären Sie sich die Unterschiede?“*
- Fragen zur Skalierung/Klassifikation/Prozentbewertung: um Unterschiede in den Sichtweisen besonders deutlich herauszuarbeiten. Beispiel: *„Auf einer Skala von 0 bis 10, wo stehen Sie heute schon? Was bringt Sie zum Wert X?“*

- Hypothetische Fragen: um neue Blickwinkel zu eröffnen und Ideen zu fördern. Der Denkraum des Klienten wird „spielerisch" erweitert. Beispiel: *„Angenommen, Sie könnten machen, was Sie wollen, was würden Sie dann tun?"*
- Zirkuläre Fragen: um Wechselwirkungen und gegenseitige Abhängigkeiten sichtbar zu machen und Zusammenhänge aufzuzeigen. Beispiel: *„Wenn Sie so reagieren, wie verhält sich dann Ihr Mitarbeiter X und welche Auswirkung hat dies auf Mitarbeiter Y?"*

Ein wesentlicher Baustein von Coachingweiterbildungen ist die Entwicklung von Fragekompetenz. Also die Fähigkeit, offene Fragen zu stellen und sich mit eigenen Antworten zurückzuhalten.

2.4 Fokussieren und Widerspiegeln zur Konkretisierung

Die Methode des *Fokussierens* bedeutet, die Aufmerksamkeit gezielt auf bestimmte Aspekte der Beschreibung einer Situation zu richten, die der Klient in seiner Darstellung entweder eher ausgelassen hat oder über die er – bewusst oder unbewusst – sehr schnell hinweggegangen ist.

Dazu kann der Klient explizit aufgefordert werden, weitere Beispiele einer ähnlichen Situation zu schildern. Ebenso kann ein gezieltes Nachfragen durch den Coach den Klienten dabei unterstützen, aus Wiederholungen auszusteigen, um sich beispielsweise wieder auf die Entwicklung von Lösungen zu konzentrieren.

Insbesondere wenn sich Klienten sehr ausschweifend und verallgemeinernd äußern, ist das Fokussieren gerade auch für die Problemklärung oder die Konkretisierung von Lösungsansätzen essentiell.

Beispiel

„Lassen Sie mich noch einmal genau verstehen, was auf der Ebene des beobachtbaren Verhaltens das erwünschte Ziel ist. Entschuldigen Sie, dass ich Sie unterbreche, aber können Sie noch einmal ganz konkret zusammenfassen, worum es Ihnen dabei geht?" ◀

Eng verwandt mit der Methode des Fokussierens ist das *Widerspiegeln.* Bei dieser Methode wiederholt der Coach die Ausführungen des Klienten mit seinen eigenen Worten und fokussiert das Gespräch damit ebenfalls auf bestimmte Aspekte. Wichtig ist, dass der Coach durch entsprechende Formulierungen deutlich macht, dass es sich um seine eigene Wahrnehmung handelt.

Beispiel

„Habe ich Sie richtig verstanden ... Heißt das, dass ...“
◄

Mit der Technik des Widerspiegelns kann sich der Coach vergewissern, dass er sein Gegenüber richtig verstanden hat. Gleichzeitig kann er das Gegenüber anregen, die Situation weiter auszuführen.

Ein Widerspiegeln kann sich sowohl auf eher rationale Beobachtungen als auch auf emotionale Eindrücke beziehen.

Beispiel

„Wenn ich Ihnen so zuhöre, habe ich das Gefühl, dass Sie sehr verärgert sind, stimmt das?“◄

2.5 Analoge Verfahren für eine kreative Lösungssuche

Eine schon etwas speziellere Methode beruht auf dem Einsatz *analoger Verfahren*. Das Grundprinzip ist es, Probleme weniger auf der kognitiven und analytischen Ebene zu besprechen und zu bearbeiten, sondern vielmehr auf einer bildhaften Ebene. Dazu wird der Klient aufgefordert, sein Thema, seine Fragestellung oder seinen Sachverhalt in Form eines Bildes oder einer Metapher zu beschreiben. Dadurch wird die Kreativität angeregt und es können verborgene Empfindungen und Vorstellungen sichtbar gemacht werden. Im weiteren Prozess kann dann versucht werden, zunächst auf der Ebene der Bildsprache eine Lösung zu finden. Im nächsten Schritt kann dann überlegt werden, was zunächst im Rahmen des jeweiligen Bildes eine Entlastung bringen würde, um diese Ideen anschließend auf die konkrete Situation zu übertragen.

Ebenso kann es hilfreich sein, wenn der Coach seine Beobachtungen in Form eines Bildes wiedergibt, da dadurch Aussagen erlebbarer und greifbarer werden.

Beispiel

„Wenn ich Ihnen so zuhöre, habe ich den Eindruck, Sie fühlen sich wie ein Kessel, bei dem der Dampf schon aus allen Ritzen strömt und der kurz davor steht zu explodieren. Trifft das zu?“◄

Gerade wenn es schwerfällt, auf der rationalen Ebene eine Lösung zu finden, kann es zweckmäßig sein, auf die analoge Ebene zu wechseln. Eine gelungene Metapher bildet oft den Ausgangspunkt für tiefgreifende Veränderungen. Weitere Beispiele für analoge Verfahren sind: die Arbeit mit Symbolen, Bildern, Fotos, Geschichten, Collagen oder auch Steinen.

2.6 Aktives Zuhören und Koppeln für eine gute Beziehungsebene

Eine grundlegende Methode für den Aufbau einer guten Beziehung ist das *aktive Zuhören*. Damit ist gemeint, dass dem Gesprächspartner nicht nur verbal, sondern auch nonverbal eine Rückmeldung zum Gesagten gegeben wird. Beispielsweise durch ein Nicken, Veränderung der Körperhaltung usw.

Eine weitere Methode ist das *Koppeln*. Damit ist gemeint, sich mit dem Klienten zu verbinden und an seine Denklogik „anzudocken". Ziel ist es, die individuellen Ansichten, Wertevorstellungen, Deutungen sowie die Haltung und Erfahrungen des Gegenübers so weit zu erfassen, dass der Coach in die Lage versetzt wird, Hypothesen über die Wahrnehmungsverengungen des Klienten zu entwickeln, um diese für die weitere Arbeit zu berücksichtigen. Neben entsprechenden Fragen kann es hilfreich sein, sich dem anderen in der Körperhaltung oder auch in der Wortwahl sowie dem Sprachrhythmus anzugleichen. Dies kann zudem auch gerade zu Beginn eines Coachingprozesses den Aufbau der Beziehung unterstützen.

2.7 Regeln für ein konstruktives Feedback

Die Grundidee des Gebens von *Feedback* ist es, einem anderen auf verbaler oder auch nonverbaler Ebene eine konstruktive Rückmeldung bezüglich der eigenen Beobachtungen, Wahrnehmungen und Eindrücke zu geben. Der Feedbackempfänger bekommt damit die Möglichkeit, sein Selbstbild mit dem Fremdbild abzugleichen und wertvolle Entwicklungshinweise daraus abzuleiten.

Damit ein Feedback eine entwicklungsfördernde Wirkung entfalten kann, sollten sich sowohl der Feedbackempfänger als auch der Feedbackgeber an die folgenden Regeln halten (vgl. zum Folgenden Hossiep et al., 2020):

Regeln für das Empfangen von Feedback

- Hören Sie aufmerksam zu. Fragen Sie nach, wenn Sie bestimmte Aspekte noch nicht verstanden haben.
- Argumentieren Sie nicht sofort. Versuchen Sie nicht, sich direkt zu verteidigen bzw. zu rechtfertigen und die Gründe für Ihr eigenes Verhalten darzulegen.
- Nehmen Sie sich ausreichend Zeit, um in Ruhe über das Feedback nachzudenken.
- Betrachten Sie das Feedback nicht als Infragestellung Ihrer Person, sondern als ein Geschenk für die eigene Weiterentwicklung.

Regeln für das Geben von Feedback

- Verhaltensweisen und Handlungen sind lediglich zu beschreiben, Bewertungen – auch implizit – sollten unterbleiben.
- Rückmeldungen sollten konkret und in Bezug auf abgrenzbares Verhalten in bestimmten Situationen gegeben werden – nicht bezogen auf die Person und deren Verhalten als Gesamtheit.
- Feedback sollte möglichst zeitnah zu den jeweiligen Wahrnehmungen und Empfindungen – nicht zu spät, wenn damit nichts mehr verbunden wird, und auf keinen Fall im Sinne einer „Abrechnung" – gegeben werden.
- Hilfreich ist zu beschreiben, welche Gefühle das Verhalten ausgelöst und wie es gewirkt hat (zum Beispiel: „Ich habe … beobachtet, und das hat auf mich folgenden Eindruck gemacht: …"). Pauschale Diagnosen wie „Sie haben sich wohl nicht im Griff" sind dagegen nicht hilfreich.
- Aussagen sollten umkehrbar sein, das heißt, sie sollten so formuliert werden, wie man es auch vom Gesprächspartner erwarten würde.
- Kein Feedback über Dritte, die nicht im Raum sind.

Wie bereits angesprochen (vgl. Abschn. 1.3), sollte der Klient immer die Möglichkeit haben, ein Feedback abzulehnen, ohne dass er dadurch die Beziehung zum Coach riskiert. Kennen sich Coach und Klient noch nicht sehr lange, sollte der Coach zunächst fragen, ob sein Feedback überhaupt erwünscht ist.

Beispiel

„Darf ich Ihnen meine Wahrnehmung zur Verfügung stellen?“ Oder auch: *„Interessiert Sie, was mir noch aufgefallen ist?“*◄

Grundsätzlich sollte darauf geachtet werden, ein Feedback auch wieder in einen Reflexionsprozess zu überführen. Dies kann dadurch geschehen, dass der Coach den Klienten auffordert, seine Einschätzung zum Gesagten kundzutun.

2.8 Weitere Techniken für die Coachingarbeit

Die *subjektiven Erklärungen zu ändern,* ist eine weitere sehr wirkungsvolle Interventionsmethode. Die Idee beruht darauf, den Klienten zunächst nach seinen konkreten Beobachtungen zu fragen. Im weiteren Gesprächsverlauf wird der Klient dann gebeten, Hypothesen über die Mechanismen, die das Problem generieren, zu entwickeln.

Bereits die Trennung zwischen Beobachtung und Ursachenerklärung ist oft sehr erhellend und macht Fixierungen im Denken erkennbar.

Beispiel

„Woran zeigt sich das Problem konkret? Wie erklären Sie sich xy? Was vermuten Sie, woran es liegt, dass xy … ?“◄

Wenn die Ursachen zu sehr außerhalb des Einflussbereichs des Klienten gesehen werden, kann es sehr hilfreich sein, gemeinsam nach Erklärungen zu suchen, welche den Klienten stärker mitverantwortlich machen. So ergeben sich oftmals neue Handlungsoptionen für den Klienten.

Als eine weitere Technik kann das *Umdeuten* gesehen werden. Dabei wird versucht, die Situation oder ein Erlebnis des Klienten in einen anderen Bewertungsrahmen zu setzen. Dahinter steht die Annahme, dass nicht eine bestimmte Situation negative Gefühle oder Anspannungen auslöst, sondern immer die jeweilige subjektive Bewertung der Situation. Gelingt es, für eine als belastend empfundene Situation andere Bewertungen und Bedeutungszuschreibungen zu finden, kann dies zur Entlastung und zu neuen Handlungsoptionen führen.

Im Rahmen eines Coachings kann zudem auch das *Einstreuen von Ideen* eine wertvolle Perspektivenerweiterung bringen. Damit ist explizit nicht das Aufdrängen von Ratschlägen gemeint, sondern vielmehr ein unverbindliches Offenlegen der eigenen Gedanken und möglichen Assoziationen des Coachs. Der Klient muss immer die Wahlfreiheit haben, die Ideen aufzugreifen oder auch komplett abzulehnen.

Beispiel

„Wenn ich Ihnen so zuhöre, muss ich an einen ehemaligen Klienten denken, der hatte das Thema xy auf folgende Weise gelöst: ... Lässt sich davon etwas auf Ihre Situation übertragen?“ ◀

Zudem ist es auch möglich, vermeintliche Missverständnisse einzustreuen, da der Klient beim Aufklären des Irrtums ebenfalls neue Perspektiven entwickelt.

3 Status quo – so coachen Führungskräfte ihre Mitarbeiter im persönlichen Verkauf

3.1 Merkmale des persönlichen Verkaufs

In der wissenschaftlichen Literatur werden verschiedene Formen des Verkaufens unterschieden (Meffert et al., 2018; Nerdinger, 2000; Tiffert, 2006):

- der persönliche Verkauf,
- der semipersönliche Verkauf und
- der unpersönliche oder mediale Verkauf.

Der Begriff *persönlicher Verkauf* bezeichnet den direkten und persönlichen Kontakt – das Verkaufsgespräch – zwischen einem Verkäufer und einem oder mehreren Käufern mit dem Ziel, einen Vertragsabschluss zu bewirken (Nerdinger, 2000). Kennzeichnend ist die unmittelbare physische Präsenz beider Gesprächspartner (Nerdinger, 2000; Tiffert, 2006).

Treten die Gesprächspartner einander nicht „face to face" gegenüber, sondern wird das Verkaufsgespräch beispielsweise über das Telefon geführt, wird vom *semipersönlichen Verkauf* gesprochen (Meffert et al., 2018). Auch Verkaufsgespräche über Videokonferenzsysteme fallen unter diese Definition.

Bleibt ein persönlicher Kontakt völlig aus und erfolgt die Angebotserstellung stellvertretend zum Verkaufsgespräch über Medien wie Produktkataloge oder auf elektronischen Vertriebswegen, wird vom *unpersönlichen* oder *medialen Verkauf* gesprochen (Meffert et al., 2018).

Grundsätzlich ist der persönliche im Vergleich zum unpersönlichen Verkauf mit deutlich höheren Kontaktkosten verbunden – da immer nur ein Kunde, maximal eine kleine Gruppe angesprochen werden kann (Benkenstein & Uhrich,

A. Tiffert, *Coaching von Mitarbeitern im persönlichen Verkauf*, essentials,
https://doi.org/10.1007/978-3-658-34300-2_3

2020). Vor dem Hintergrund anonymer elektronischer Absatzkanäle steht der persönliche Verkauf dementsprechend unter einem immensen Produktivitätsdruck. Die Digitalisierung der Verkaufsprozesse schreitet in allen Branchen massiv voran (Binckebanck 2020). Aber auch wenn das Thema Digitalisierung im Verkauf einen immer größeren Stellenwert einnimmt, wird gerade in Branchen, in denen es um den Absatz von erklärungsbedürftigen Produkten oder Dienstleistungen geht, weiterhin die Notwendigkeit bestehen, persönlichen Verkauf zu betreiben. Zum einen lassen sich im persönlichen Verkauf Kundenbedürfnisse besser erfragen, und auch die Darstellung der Verkaufsargumente gelingt oftmals anschaulicher. Zudem gilt, dass der persönliche Kontakt umso wichtiger wird, je komplexer ein Produkt oder eine Dienstleistung ist, da persönliche Quellen in Bezug auf Glaub- und Vertrauenswürdigkeit wesentlich höher eingeschätzt werden als unpersönliche (Backhaus & Voeth, 2014).

Zum anderen führen Homogenität und Austauschbarkeit der Produkte zu härterem Wettbewerb zwischen den Unternehmen, und gerade in umkämpften Märkten stellt die Gestaltung einer persönlichen Lieferanten-Kunden-Beziehung eines der wenigen möglichen Differenzierungsmerkmale dar (Backhaus & Voeth, 2014; Tiffert, 2019). Dementsprechend ist davon auszugehen, dass auch in Zukunft persönliche Verkaufskanäle wie etwa ein Verkaufsmitarbeiter im Einzelhandel oder auch Key-Account-Manager und Vertriebsaußendienstler unverzichtbar sein werden.

Interessant wird es sein zu sehen, welchen Stellenwert videogestützte Verkaufsgespräche zukünftig einnehmen werden. Im Rahmen der Coronapandemie hat sich zumindest gezeigt, dass viele Verkaufsgespräche sehr wohl auch über virtuelle Kommunikationskanäle geführt werden können. Möglicherweise werden wir in Zukunft auch viel stärker hybride Verkaufsansätze beobachten können, bei denen beispielsweise Vertriebsmitarbeiter vor Ort Gespräche führen und Spezialisten per Videokonferenzsystem aus der Unternehmenszentrale dazugeschaltet werden.

Insgesamt können wir davon ausgehen, dass die Anforderungen an die Mitarbeiter im Verkauf grundsätzlich noch weiter steigen werden. Damit gewinnt selbstverständlich auch die Frage, wie Führungskräfte die notwendige Kompetenzentwicklung unterstützen können, weiter an Bedeutung.

Im Folgenden wollen wir einen Blick in die vertriebliche Praxis werfen, um zu sehen, wie Führungskräfte das Thema Coaching heute schon umsetzen.

3.2 Status quo im Überblick: So coachen Führungskräfte heute

Um fundiert zu beleuchten, wie Führungskräfte ihre Mitarbeiter in der Verkaufspraxis heute coachen, wurde im Rahmen eines eigenen Forschungsprojektes im Frühjahr 2019 eine qualitative Untersuchung durchgeführt.[1] Es gab insgesamt 14 Teilnehmer – alles größere mittelständische Unternehmen oder auch namhafte Großkonzerne aus dem Bereich des industriellen Verkaufs. Im Rahmen von standardisierten Interviews wurden sowohl Führungskräfte aus dem Verkauf als auch Personalleiter nach ihrem jeweiligen Verständnis von Coaching sowie dem konkreten Vorgehen beim Coaching von Mitarbeitern im persönlichen Verkauf befragt.

Im Ergebnis zeigte sich, dass der überwiegende Teil der Führungskräfte von sich selbst behauptet, die Mitarbeiter bereits mehr oder weniger regelmäßig, aber vor allem in der Regel wirksam zu coachen. In der Praxis geschieht dies vornehmlich im Rahmen von Kundenbesuchen, bei denen die Führungskraft zusammen mit ihrem Vertriebsmitarbeiter zum Kunden fährt. Derartige Begleitungen werden auch „Joint Visits“, „Beireise“ oder einfach „Coachingtermin“ genannt.

Auffällig war allerdings, dass die Führungskräfte sehr unterschiedliche Vorstellungen darüber hatten, was mit einem Coaching überhaupt gemeint ist. Hier variierte das Verständnis zwischen „Hilfe zur Selbsthilfe geben“ und „konkrete Anleitung für das richtige Vorgehen geben“.

Ebenso ließ sich kein einheitliches Vorgehen ableiten, es ließen sich aber zwei typische Grundmuster beobachten, nach denen Führungskräfte ihre Mitarbeiter im Verkauf coachen: (1) „Die Führungskraft zeigt dem Mitarbeiter, wie es richtig geht“ und (2) „Führungskraft und Mitarbeiter verkaufen gemeinsam“.

Im Folgenden werden die beiden Varianten ausführlicher beschrieben.

3.3 Status quo – Variante 1: Die Führungskraft zeigt, wie es richtig geht

Der häufigste Fall des Coachings von Vertriebsmitarbeitern in der Praxis ist der gemeinsame Kundenbesuch, bei dem die Führungskraft dem Mitarbeiter zeigt,

[1] Das Forschungsprojekt wurde im Rahmen der Lehrtätigkeit des Autors an der NORDAKADEMIE Hamburg zusammen mit Studierenden des Masterstudiengangs Sales and Marketing umgesetzt.

wie er Vertriebsaufgaben am besten meistern sollte – im Sinne eines „Vormachens", um es dann „richtig nachzumachen". Besonders beliebt ist diese Variante, wenn neue Mitarbeiter eingearbeitet werden sollen.

Für den Vertriebsleiter minimiert dieses Vorgehen das Risiko, durch Fehler des Mitarbeiters einen Kunden zu verlieren. Gleichzeitig kann der Mitarbeiter einen erfahrenen Vertriebsexperten bei der Arbeit beobachten.

Um einem ganz neuen Mitarbeiter einen ersten Eindruck vom Ablauf eines Kundengesprächs und von möglichen typischen Herausforderungen zu vermitteln, ist ein solches Vorgehen sicher sinnvoll. Unserem Verständnis von Coaching entspricht es damit noch nicht, denn: Die Führungskraft fungiert hier ganz klassisch als Experte, daher wird der Mitarbeiter maßgeblich dazu angeregt, dem Vorbild der Führungskraft zu folgen, anstatt sich eigene Ansätze zu überlegen.

Längerfristig bietet ein solches Setting für den Mitarbeiter kaum Möglichkeiten, die eigenen Stärken und Schwächen zu reflektieren und individuelle Lösungen zu finden, vielmehr hat er lediglich die Möglichkeit, zu versuchen, die Lösungen des „erfahrenen" Vertriebsleiters zu kopieren. Jeder Mensch ist aber anders, und nicht jedes Vorgehen, welches bei dem einen funktioniert, muss auch bei einem anderen zum Erfolg führen. Zudem ist natürlich gerade im persönlichen Verkauf ein authentisches Auftreten erfolgsentscheidend (Tiffert 2006). Dieses kann allerdings nur dann entstehen, wenn jeder Verkäufer das für ihn individuell bestmögliche Vorgehen identifiziert und anwendet.

3.4 Status quo – Variante 2: Führungskraft und der Mitarbeiter verkaufen gemeinsam

Die zweite oft beobachtete Variante ähnelt der ersten, allerdings verkaufen hier die Führungskraft und der Vertriebsmitarbeiter „zusammen". Solche Termine kommen häufig dann zustande, wenn gerade ein „großer Fisch an der Angel hängt" oder wenn es Probleme beim Kunden gibt.

Notwendigerweise müssen vor dem Kundenbesuch Ziele definiert und nach dem Kundengespräch die Ergebnisse reflektiert werden, sodass dieser Fall viel mehr Spielraum für den Mitarbeiter lässt als die Variante 1. Allerdings wird hier das Coachingpotenzial ebenfalls nicht ausgeschöpft, und darüber hinaus birgt das Vorgehen den einen oder anderen weiteren Stolperstein. Zum einen ist es immer recht schwierig, zugleich als Verkäufer und Beobachter aufzutreten. Zum anderen ist die Vorbereitung eines solchen gemeinsamen Verkaufsgesprächs umfangreich, und sein Verlauf lässt sich nicht verlässlich planen, sodass in der konkreten

Umsetzung Führungskräfte häufig der Versuchung erliegen, das Ruder zu übernehmen, und am Ende das Gespräch weitgehend allein bestreiten. Das kann auf der einen Seite zu Frust beim Mitarbeiter führen, es kann auf der anderen Seite aber auch den Kunden verwirren, der aus diesem Verhalten möglicherweise Kompetenzgerangel und unklare Verantwortlichkeiten herausliest.

3.5 Kritische Betrachtung des Status quo

Der Blick auf den Status quo zeigt, dass in verschiedenen Vertriebsorganisationen gemeinsame Kundenbesuche von Führungskraft und Mitarbeiter bereits durchaus üblich sind. Bei solchen Joint Visits erhalten die Mitarbeiter teilweise ein Feedback durch ihren Vorgesetzten oder sollen durch ein „Vormachen" lernen. Diese Vorgehensweisen entsprechen allerdings nicht den Ansprüchen, wie sie für ein Coaching definiert wurden.

Selbstverständlich können die hier dargestellten Beobachtungen nicht einfach so verallgemeinert werden. Dennoch geben sie zumindest einen Eindruck wieder, der sich auch mit eigenen Projekterfahrungen deckt.

Insbesondere die folgenden drei Probleme sind insgesamt auffällig:

- Führungskräfte agieren häufig zu sehr als Experten.
- Es gibt kein strukturiertes Vorgehen bei dem Gespräch.
- Es gibt keinen definierten Coachingprozess.

Zum einen hat sich gezeigt, dass oftmals die *Führungskraft* zu stark *als Experte agiert* und dem Mitarbeiter kaum Raum lässt, eigene Vorgehensweisen zu entwickeln. Wie angesprochen haben die Mitarbeiter damit kaum Möglichkeiten, sich weiterzuentwickeln und Lösungswege zu finden, die auch tatsächlich zu ihnen passen.

Oftmals erfolgt die *Begleitung wenig strukturiert.* So gibt es keinen klar erkennbaren Ablauf, und es wird nur sehr wenig an konkret definierten Entwicklungsfeldern der Mitarbeiter gearbeitet. Damit kann bezweifelt werden, dass die relevanten Kompetenzdefizite tatsächlich bearbeitet werden.

Zudem gibt es *keinen definierten Coachingprozess.* Vielmehr werden die Termine für die Mitfahrten meistens auf Zuruf vereinbart und bauen in der Regel nicht aufeinander auf. Damit ist es für die Führungskraft sehr schwierig, Entwicklungsschritte ihrer Mitarbeiter nachzuverfolgen und vor allem auch gezielt nachzuhalten, wenn sich Fehlentwicklungen andeuten.

Es lässt sich also festhalten, dass es beim Thema Coaching von Mitarbeitern durch die Verkaufsleitung eine ganze Reihe von Entwicklungsfeldern gibt. Im Folgenden wird genau aufgezeigt, wie dabei vorgegangen werden sollte.

Konkrete Anleitung für ein Mitarbeitercoaching im persönlichen Verkauf

4

4.1 Ein Mustervorgehen für die Coachingarbeit im Vertrieb

In diesem Abschnitt geht es nun darum, Führungskräften eine konkrete Anleitung für ein Coaching ihrer Mitarbeiter in Verkaufssituationen an die Hand zu geben. Wir werden uns dabei vor allem auf gemeinsame Kundenbesuche konzentrieren. Dies ist vermutlich die Situation, in der ein systematisches Coaching im Verkauf am häufigsten stattfindet.

Das hier vorgestellte Modell orientiert sich an dem eingangs vorgestellten Mustervorgehen (vgl. Abschn. 2.1). Die entsprechenden Phasen wurden allerdings an die spezifischen Besonderheiten im Verkauf angepasst.

Im Rahmen von mehreren Praxisprojekten wurde dieses Vorgehen entwickelt und immer wieder auf seine Praxistauglichkeit hin überprüft. Insgesamt hat sich dabei das folgende idealtypische Vorgehen ergeben (zum Folgenden auch Tiffert, 2016):

- 1. Phase: die individuelle Vorbereitung des Mitarbeiters
- 2. Phase: das Vorgespräch zwischen Mitarbeiter und Führungskraft
- 3. Phase: die Beobachtung des Verkaufsgesprächs durch die Führungskraft
- 4. Phase: die Selbsteinschätzung des Mitarbeiters nach dem Gespräch
- 5. Phase: ergänzende Rückmeldungen der Führungskraft
- 6. Phase: die Konkretisierung der Erkenntnisse und der nächsten Schritte
- 7. Phase: das Feedback zum Coaching und der Abschluss

Im Folgenden werden diese Phasen im Detail beleuchtet und konkrete Empfehlungen zur Umsetzung gegeben.

A. Tiffert, *Coaching von Mitarbeitern im persönlichen Verkauf*, essentials,
https://doi.org/10.1007/978-3-658-34300-2_4

Empfehlungen für die 1. Phase: die individuelle Vorbereitung des Mitarbeiters
Mindestens eine bis zwei Wochen vor dem Tag, an dem der Vorgesetzte seinen Mitarbeiter bei einem Kundenbesuch begleitet, sollte sich der Mitarbeiter eigenständig auf den Termin vorbereiten. Dazu überlegt er sich, an welchen Themenschwerpunkten er im Rahmen eines Coachings arbeiten möchte, und wählt – und dies ist nun entscheidend – für einen gemeinsamen Besuch mit seinem Vorgesetzten einen passenden Kunden aus, bei dem sich die definierten Schwerpunkte vermutlich auch beobachten lassen.

An dieser Stelle ist der Mitarbeiter bereits gefordert, Eigenverantwortung zu übernehmen.

Empfehlung für die 2. Phase: das Vorgespräch zwischen Mitarbeiter und Führungskraft
Nun treten Führungskraft und Mitarbeiter in die konkrete Coachingarbeit ein. Der Mitarbeiter formuliert Ziele und Lösungsansätze, welche er sich im Vorfeld überlegt hat, und legt damit fest, auf welche Aspekte der Vorgesetzte bei dem bevorstehenden Verkaufsgespräch achten soll.

Gleichzeitig können Ergebnisse aus vorangegangenen Coachings reflektiert sowie Erfahrungen aus der bisherigen Vertriebsarbeit des Mitarbeiters aufgegriffen werden. Wenn das Coaching nach einer anderweitigen Entwicklungsmaßnahme – etwa einem Verkaufsseminar – durchgeführt wird, können Erkenntnisse hieraus reflektiert und konkrete Umsetzungsziele entsprechend abgestimmt werden.

Beispiele für bewährte Formulierungen aus der Coachingpraxis:

- *Was waren für Sie wichtige Erkenntnisse aus dem letzten Coaching und welche Punkte daraus haben Sie schon umzusetzen versucht?*
- *An welchen Themen wollen Sie heute (weiter-)arbeiten?*
- *Was hat bereits gut geklappt und woran hat das aus Ihrer Sicht gelegen?*
- *Auf welche konkreten Aspekte soll ich bei unserem heutigen Termin besonders achten?*

Ziel dieser Phase ist es ebenfalls, die Eigenverantwortung des Mitarbeiters für seinen Entwicklungsprozess weiter zu fördern und vor allem das Coaching auf ein konkretes Ziel auszurichten.

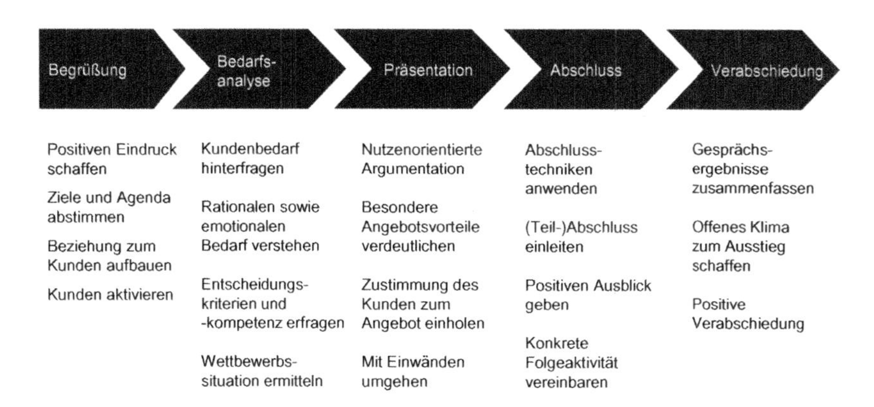

Abb. 4.1 Beispiele für verkäuferische Erfolgsfaktoren entlang des Verkaufsprozesses

Empfehlungen für die 3. Phase: die Beobachtung des Verkaufsgesprächs durch die Führungskraft

Nun wird das eigentliche Verkaufsgespräch geführt. Während sich der Mitarbeiter auf die Gesprächsführung konzentriert, liegt der Fokus der Führungskraft auf der Beobachtung des Vorgehens des Mitarbeiters.

Auf welche Aspekte die Führungskraft dabei konkret achten sollte, richtet sich natürlich nach den gemeinsam definierten Entwicklungsfeldern. Selbstverständlich können diese auch um Punkte ergänzt werden, welche der Führungskraft als erwähnenswert auffallen. In Abb. 4.1 sind einige Beispiele für verkäuferische Erfolgsfaktoren in den verschiedenen Prozessstufen aufgeführt.

In jedem Fall sollten die Beobachtungen schriftlich festgehalten werden, damit die spätere Reflexion möglichst fundiert erfolgen kann.

Die größte Herausforderung in dieser Phase ist es dabei, eindeutig zwischen *Beobachten, Erklären* und *Bewerten* zu unterscheiden. Im normalen Sprachgebrauch werden diese Ebenen häufig vermischt. Führungskräfte müssen sich klarmachen, dass sie nur Verhalten beobachten können.

Zudem muss der Mitarbeiter der Versuchung widerstehen, seinen Vorgesetzten in das Gespräch hineinzuziehen, wenn es schwierig wird. Die Führungskraft wiederum muss sich gerade dann zurückhalten, wenn ein Gespräch zu scheitern droht, da auch solche Erfahrungen ein wertvoller Teil des Coachingprozesses sein können.

Empfehlungen für die 4. Phase: die Selbsteinschätzung des Mitarbeiters nach dem Gespräch
Nach dem Abschluss des Kundengesprächs ist der Mitarbeiter aufgefordert, zunächst selbst einzuschätzen, was seiner Meinung nach positiv verlaufen ist, wo es Unsicherheiten gab und was noch ausbaufähig ist. Die Rolle der Führungskraft als Coach ist es, den Mitarbeiter dabei zu unterstützen, sein Vorgehen selbst zu hinterfragen und Ansätze für neue Vorgehensweisen abzuleiten.

Dazu haben sich ebenfalls verschiedene Frageformulierungen bewährt:

- *Wie haben Sie das Gespräch insgesamt empfunden?*
- *Was ist aus Ihrer Sicht im Gespräch insgesamt gut gelaufen? Was nicht so gut?*
- *Sie wollten ja auf die Punkte [...] achten. Wie ist Ihnen die Umsetzung gelungen? Woran machen Sie dies fest?*
- *Was glauben Sie, warum ist es Ihnen gut gelungen?*
- *Was hätten Sie noch gern umgesetzt?*
- *Wie hätten Sie dabei vorgehen können?*
- *Welchen Tipp würden Sie sich als Ihr „eigener Coach" geben?*

In dieser Phase lässt sich sehr gut mit analogen Verfahren (vgl. Abschn. 2.5) arbeiten und der Mitarbeiter kann auch aufgefordert werden, die Situation mit dem Kunden in einem Bild zu beschreiben. In der Praxis hat sich dabei auch bewährt, gezielt Erfolgsmuster in den Fokus zu nehmen. Oftmals verbergen sich dahinter Ressourcen, welche für Situationen genutzt werden können, bei denen es noch nicht so rund gelaufen ist.

Das grundsätzliche Ziel dieser Phase ist die Lösungsfindung über einen geleiteten Prozess der Selbstreflexion – also ganz klassisches Coaching.

Empfehlungen für die 5. Phase: ergänzende Rückmeldungen durch die Führungskraft
Erst nach der Phase der Selbstreflexion durch den Mitarbeiter ist die Führungskraft am Zug und kann ein ergänzendes Feedback geben (vgl. Abschn. 2.7). Dadurch erhält der Mitarbeiter über seine eigene Perspektive hinaus Impulse aus den Beobachtungen der Führungskraft. Wie bereits ausgeführt sollten diese Rückmeldungen eher im Sinne von Wahrnehmungsangeboten präsentiert werden, aus denen der Mitarbeiter seine eigenen Konsequenzen ziehen kann. Das beobachtete Verhalten sollte zudem so genau wie möglich beschrieben werden, damit der Mitarbeiter die Beobachtung nachvollziehen und einordnen kann.

Beispiele für bewährte Formulierungen aus der Coachingpraxis:

- *Es gibt noch einige Punkte, auf die ich aus meiner Sicht zu sprechen kommen möchte: ...*
- *Erinnern Sie sich an die Frage des Kunden ...? Wissen Sie noch, was Sie dazu gesagt haben? Was wollten Sie mit Ihrem Vorgehen erreichen? Was haben Sie erreicht?*
- *Mein Eindruck ist, dass ... Was meinen Sie, wie ist Ihr Vorgehen beim Kunden angekommen?*

Letztlich gilt auch hier: Die Führungskraft sollte immer wieder den Mitarbeiter ermuntern, seine eigenen Rückschlüsse und Konsequenzen zu ziehen. Das Ziel auch dieser Phase ist es, die Selbstreflexion des Mitarbeiters insbesondere im Hinblick auf eigene „blinde Flecke" anzuregen.

Empfehlungen für die 6. Phase: die Konkretisierung der Erkenntnisse und der nächsten Schritte

In dieser vorletzten Phase werden die wesentlichen Erkenntnisse des Mitarbeiters im Hinblick auf einen konkreten Handlungsplan bzw. die nächsten Schritte konkretisiert und festgehalten. Abschließend werden die nächsten Schritte besprochen.

Beispiele für bewährte Formulierungen aus der Coachingpraxis:

- *Welche Ideen und Erkenntnisse nehmen Sie aus unserem Gespräch mit?*
- *Woran möchten Sie im Weiteren arbeiten?*
- *Welche Dinge wollen Sie zuerst umsetzen?*
- *Welche Maßnahmen zur Umsetzung sind aus Ihrer Sicht erforderlich?*
- *Wie wollen Sie vorgehen und was kann für Sie ein ganz konkreter nächster Schritt sein?*
- *Welche Unterstützung wünschen Sie sich von mir als Führungskraft?*
- *Wann und wie sollten wir weitermachen?*

Das Ziel dieser Phase ist die Verinnerlichung der Lernerfahrungen. Hier ist es wichtig, eine besondere Sorgfalt walten zu lassen, um die Lernerfahrungen nachhaltig zu verankern. So können die Erkenntnisse bei zukünftigen Terminen wieder abgerufen werden.

Empfehlungen für die 7. Phase: das Feedback zum Coaching und der Abschluss

Wie ein Verkaufsgespräch, so hat auch das Coachinggespräch einen Auftakt und einen Abschluss. In dieser letzten Phase haben nun beide Seiten Gelegenheit, selbst Rückmeldungen zum Coaching zu geben.

Konkret sollte besprochen werden, was beim Coaching insgesamt gut oder vielleicht auch weniger gut gelaufen ist. Zudem sollte der Mitarbeiter die Möglichkeit bekommen, Wünsche für das nächste Coaching zu formulieren.

Beispiele für bewährte Formulierungen aus der Coachingpraxis:

- *Wie haben Sie unser Gespräch insgesamt empfunden?*
- *Was war für Sie besonders wichtig?*
- *Welche Fragen sind für Sie heute noch offengeblieben?*
- *Welche Wünsche haben Sie für unser nächstes Coaching?*

Das Ziel dieser Phase ist es, das Coaching zu einem positiven Abschluss zu bringen, Raum für Rückmeldungen zum Prozess zu schaffen und den Weg für zukünftige Coachings zu ebnen.

4.2 Wie aus einzelnen Coachinggesprächen ein Entwicklungsprozess wird

Damit die Entwicklung eines Mitarbeiters durch Coaching wirklich nachhaltig gelingt, ist es notwendig, etwaige Gespräche regelmäßig und aufeinander aufbauend durchzuführen und die Kompetenzentwicklung als Prozess zu verstehen.

In welchem Umfang und welchem Rhythmus entsprechende gemeinsame Kundenbesuche durchgeführt werden sollten, hängt natürlich stark von den jeweiligen Entwicklungszielen und dem Entwicklungsstand der Mitarbeiter ab.

Einen guten Auftakt könnte das jährliche Mitarbeiterentwicklungsgespräch bilden. Dort erhält der Mitarbeiter eine Einschätzung des Kompetenzprofils aus Sicht des Vorgesetzten. Diese Sicht wird gemeinsam diskutiert und mit der Selbsteinschätzung des Mitarbeiters abgeglichen. Gemeinsam legen Mitarbeiter und Führungskraft konkrete Entwicklungsziele fest und stimmen mögliche Maßnahmen ab. Eine Maßnahme kann es dann sein, dass die Führungskraft dem Mitarbeiter ein Coaching im Rahmen von begleiteten Kundenbesuchen anbietet. In diesem Zusammenhang erläutert die Führungskraft dem Mitarbeiter die Idee von Coaching und stimmt auch die Rollenverteilung im Coachingprozess ab.

Es hat sich bewährt, einen Coachingprozess immer als Zyklus, bestehend aus mindestens drei bis fünf Besuchen, zu planen.

Eine Dokumentation der Inhalte und Erkenntnisse der einzelnen Coachingtermine sorgt dafür, dass offengebliebene Themen beim nächsten Termin nicht vergessen werden. In Abb. 4.2 ist ein Beispiel für ein entsprechendes Coachingprotokoll zu sehen.

Protokoll für ein Coachinggespräch

Mitarbeiter: ______________ **Datum:** ________________

Gemeinsam vereinbarte Beobachtungspunkte für den heutigen Tag

Feedback zu den Beobachtungen

Ergebnis

Entwicklungsvereinbarungen / Nächste Schritte

Feedback zum Coachingtag

Abb. 4.2 Protokollbogen für ein Mitarbeitercoaching im Vertrieb

5 Empfehlungen an die Führungskraft für das Coaching von Mitarbeitern

5.1 Seien Sie sich der Stärken, Schwächen und Voraussetzungen bewusst

Bevor eine Führungskraft nun hochmotiviert mit ihrem Mitarbeiter in ein Coaching startet, sollte sie sich der Stärken und Schwächen des Formats bewusst werden. Dies ist wichtig, um für sich, aber auch gemeinsam mit dem Mitarbeiter realistische Erwartungen zu entwickeln.

Wolfgang Looss (1997) sieht ein Mitarbeitercoaching durch den Vorgesetzten beispielsweise eher kritisch und betont, dass es sich bei der Arbeitsbeziehung zwischen Vorgesetztem und Mitarbeiter immer um eine hierarchische Rollenbeziehung handelt, der eine klar definierte Statusasymmetrie zugrunde liegt. Daraus können sich verschiedene schwierige Beziehungskonstellationen ergeben, wenn sich der Vorgesetzte in das generelle Sozialverhalten des Mitarbeiters einmischt. Für den Mitarbeiter kann es beispielsweise schwierig sein, sich offen zu zeigen, weil er ja weiß, dass die vom Vorgesetzten angestrebte Vertrautheit letztlich doch der Absicht entspringt, die Leistungsfähigkeit des Mitarbeiters zu steigern. In der Folge kann dies dazu führen, dass der Mitarbeiter sich nicht nur unbehaglich fühlt, sondern auch lediglich erwartete Reaktionen liefert (Looss, 1997).

Für den Vorgesetzten ist die Situation ebenfalls potenziell nicht konfliktfrei. Gerade wenn er einen hohen Anspruch an die eigene Coachingrolle hat, kann dies zu Frustration und Überforderung führen, denn die angeführten Konflikte sind strukturbedingt und können nicht immer durch eine weitere Kompetenzsteigerung der Führungskraft gelöst werden. Vermutlich lässt es sich nicht vollständig verhindern, dass der Vorgesetzte, so gut er auch als Coach ausgebildet ist und agiert, vom Mitarbeiter weiterhin als die Person gesehen wird, welche ihn beurteilt und

A. Tiffert, *Coaching von Mitarbeitern im persönlichen Verkauf*, essentials,
https://doi.org/10.1007/978-3-658-34300-2_5

damit Lebens- und Karrierechancen ermöglicht oder aber auch verhindert (Looss, 1997).

John Whitmore (1994) wiederum ist der Meinung, dass ein Vorgesetzter als Coach seines eigenen Mitarbeiters wirksam agieren kann. Allerdings müssten die Vorgesetzten dafür über verschiedene Eigenschaften verfügen. Dazu zählen: Einfühlungsvermögen, Integrität und Unvoreingenommenheit ebenso wie die Bereitschaft, allen Mitarbeitern Raum für die Entwicklung eigener Lösungen zu geben. Eine Herausforderung ist es weiterhin, dass der Vorgesetzte dafür seine eigenen Methoden finden und Vorgehensweisen entwickeln muss, da es nur wenige Vorbilder gibt (Whitmore, 1994).

Vermutlich muss die Führungskraft auch lernen, mit anfänglichem Misstrauen und Widerstand von einigen Mitarbeitern umzugehen, die Abweichungen von einem eher klassischen Managementstil misstrauisch gegenüberstehen (Whitmore, 1994).

In den folgenden Übersichten sind einige Stärken und Schwächen des Coachings von Mitarbeitern durch den eigenen Vorgesetzten benannt (vgl. auch Rauen, 2014, S. 37 f.).

Stärken eines Coachings durch den Vorgesetzten

- Das Coaching kann den Aufbau einer verbesserten Beziehung zu den Mitarbeitern unterstützen.
- Kenntnisse über organisationsinterne Abläufe und Gegebenheiten sind beim Coach bereits vorhanden.
- Der Vorgesetzte entwickelt Kompetenzen, welche auch in anderen Situationen den Beziehungsaufbau unterstützen.
- Die Kosten sind vergleichsweise gering, insbesondere wenn Coaching als langfristige Maßnahme geplant ist.
- Der Vorgesetzte kann seine Mitarbeiter „on the job" coachen und so ganz direkt Impulse anbieten. Dies ist ja gerade auch im Verkauf die grundsätzliche Idee.

Schwächen eines Coachings durch den Vorgesetzten

- Die Vorbelastung durch die Rolle als Vorgesetzter und das Beziehungsgefälle zum Mitarbeiter können die Offenheit hemmen.

- Die Coachingqualifikation des Vorgesetzten muss gezielt aufgebaut werden, dies erfordert zusätzlich Zeit.
- In der Regel fehlt es Führungskräften an Wissen über aktuelle Trends und Entwicklungen in anderen Organisationen.
- Der Vorgesetzte ist auch mit anderen Themen beschäftigt und hat oftmals wenig freie Ressourcen.
- Aufgrund der knappen Ressourcen sind häufig wenig unterschiedliche Coachingmethoden verfügbar.
- Zusätzliche Aufwendungen und Kosten für Supervision müssen mit eingeplant werden.
- Möglicherweise muss mit Misstrauen der Mitarbeiter gegenüber dem Vorgesetzten umgegangen werden.

Zusammenfassend kann Führungskräften empfohlen werden, auf folgende fünf Voraussetzungen zu achten (vgl. auch Rauen, 2014, S. 38 f.):

1. Sowohl den Mitarbeitern als auch der Führungskraft sollte klar sein, dass im Rahmen eines Vorgesetztencoachings hauptsächlich berufliche Themen behandelt werden können. Zudem sollte eine grundsätzlich vertrauensvolle Beziehung gegeben sein.
2. Insgesamt sollten die Themen so gewählt sein, dass die eingeschränkte Neutralität der Führungskraft und das Beziehungsgefälle gegenüber dem Mitarbeiter keine Probleme darstellen. Ein Coachingprozess sollte beispielsweise nie für die Bewertung der Zielerreichung genutzt werden.
3. Der Führungskraft sollte klar sein, dass ein Coachingprozess zusätzliche Zeit braucht, und diese Zeit sollte auch vorhanden sein.
4. Die Führungskraft sollte Interesse daran haben, sich selbst in der Rolle des Coaches weiterzuentwickeln, und hierfür auch entsprechende Angebote nutzen.
5. Zudem sollte die Führungskraft die Möglichkeit haben, ihre eigenen Erfahrungen im Rahmen einer Supervision mit einem ausgebildeten Coach zu besprechen.

Sind diese Voraussetzungen erfüllt, können Führungskräfte auch vor dem Hintergrund der aufgezeigten Schwächen gut mit der Coachingmethode im Verkaufsumfeld arbeiten.

5.2 Wie der notwendige Rollenwechsel gelingt

Erfahrungsgemäß agieren Führungskräfte in der Rolle des Coaches immer noch viel zu oft als Experten und bieten ihren Klienten fertige Lösungen an. Den Führungskräften fällt es oft sehr schwer, Lösungsverantwortung abzugeben und den Mitarbeiter seinen eigenen Weg finden zu lassen (vgl. Abschn. 3.4). Wie schon mehrfach angesprochen, sollten Führungskräfte hier deutlich zurückhaltender vorgehen. Führungskräfte müssen es schaffen, den notwendigen Rollenwechsel tatsächlich zu vollziehen und nicht länger als Experten in einer überlegenen Position aufzutreten, sondern vielmehr ihren Mitarbeitern auf Augenhöhe begegnen und zulassen, dass diese ihre eigenen Lösungen erarbeiten.

Dass dies allerdings nicht einfach ist, lässt sich sehr gut verstehen. Zum einen wird ein solches Vorgehen oftmals als zu „passiv" erlebt und widerspricht damit dem Selbstbild einer guten Führungskraft. Gerade im Vertrieb gilt eine Führungskraft dann als erfolgreich, wenn sie weiß, „wo es langgeht", und mit klarem Blick nach vorne die Richtung vorgibt (Tiffert & Binckebanck, 2015; Tiffert, 2016, 2020). Weiterhin ist der Ergebnisdruck im Vertrieb in der Regel immens hoch, und jede Zurückhaltung in schwierigen Situationen wird als Risiko gesehen, Kunden zu verlieren und damit Umsätze einzubüßen. Vertrauen in die grundsätzlichen Fähigkeiten, Entwicklungsmöglichkeiten und damit den selbstständigen Erfolg der Mitarbeiter ist daher unerlässlich.

Welche konkreten Empfehlungen können nun gegeben werden, damit der notwendige Rollenwechsel auch tatsächlich gelingt?

Führungskräfte sollten sich zunächst dessen bewusst sein, dass je nach Kontext unterschiedliche Verhaltensweisen zielführend sind. Eine hohe Zielorientierung und eigene Lösungskompetenz sind im täglichen Vertriebsalltag sehr hilfreich, aber im Coaching ist eben etwas anderes hilfreicher. Dieses Verständnis und das Denken in unterschiedlichen Kontexten können dabei innere Entlastung schaffen und die Führungskraft dazu befähigen, ihre Lösungskompetenz zurückzustellen und den Mitarbeiter seinen eigenen Weg finden zu lassen. In Abb. 5.1 sind die beiden gegensätzlichen Rollenanforderungen gegenübergestellt.

Zudem sollten Termine gewählt werden, bei denen ein Coaching auch möglich ist. Damit ist gemeint, dass zum einen die notwendigen Entwicklungsfelder auch tatsächlich bearbeitet werden können und zum anderen die Kontinuität gesichert wird.

Führungskraft als Experte für die Lösung („mit einem Plan, wie es sein sollte ...“	Führungskraft als Prozessbegleiter („ohne Plan, offen für andere Ideen ...“)
... definiert die Entwicklungsfelder für seine Mitarbeiter aus seiner eigenen Sicht	... hilft dem Mitarbeiter, die Entwicklungsfelder selbst zu erkennen und zu definieren
... macht spezifische, konkrete Vorschläge, gibt die Lösung für ein Problem vor	... befähigt den Mitarbeiter, seine eigenen Lösungen zu finden
... versucht, den Mitarbeiter von seinen Lösungsideen zu überzeugen	... hält sich mit eigenen Lösungsvorschlägen zurück und stellt eher Fragen
... glaubt an eine/die richtige Lösung	... glaubt daran, dass jeder seinen eigenen Weg finden muss
... hält sich für den Experten und fachlich dem Mitarbeiter überlegen	... hält den Mitarbeiter für den Lösungsexperten
... macht sich unentbehrlich	... macht sich eher entbehrlich
... fühlt sich verantwortlich für das Ergebnis	... fühlt sich verantwortlich für den Prozess

Abb. 5.1 Unterschiedliche Rollen einer Führungskraft

5.3 Coaching ist keine Therapie und kann sie auch nicht ersetzen

Im Rahmen der Mitarbeiterführung können leider immer wieder Situationen auftreten, welche die Coachingkompetenz der Führungskraft übersteigen. Auch wenn viele der hier oder auch in der Coachingliteratur beschriebenen Methoden und Techniken ebenfalls im therapeutischen Kontext Anwendung finden, so darf ein Coaching nicht mit einem therapeutischen Prozess verwechselt werden.

Die Grenze eines Coachings ist immer dann erreicht, wenn der Klient nicht mehr über eine entsprechende Selbststeuerungsfähigkeit verfügt. Mit dem Begriff der Selbststeuerungsfähigkeit ist gemeint, dass der Klient Entscheidungen treffen sowie eigene Ziele bilden und diese auch gegen innere und äußere Widerstände umsetzen kann (Kuhl, 2001).

Das Vorhandensein von Selbststeuerungsfähigkeit ist dabei ein zentrales Merkmal der Unterscheidung zwischen Coaching und Psychotherapie (Rauen, 2014). Psychische Erkrankungen, Abhängigkeitserkrankungen oder andere Beeinträchtigungen der Selbststeuerungsfähigkeit sind Themen, welche ausschließlich in das Aufgabenfeld entsprechend ausgebildeter Psychotherapeuten oder anderer geeigneter medizinischer Einrichtungen gehören (Greif, 2008).

Führungskräfte sollten sich grundsätzlich auf diese Eventualität vorbereiten und für den Fall der Fälle entsprechende Notfalltelefonnummern zur Hand haben. Dies können beispielsweise spezielle Anbieter für psychotherapeutische Beratungen oder aber Anlaufstellen der Berufsgenossenschaft o. Ä. sein.

Virtuelles Coaching

6

6.1 Bedeutung und Aktualität von virtuellem Coaching

Wie im Verkauf gibt es auch in der Coachingpraxis einen immer stärkeren Trend dazu, digitale Medien aktiv zu nutzen. Das Stichwort hierzu lautet virtuelles Coaching. Die Grundidee eines virtuellen Coachings ähnelt dabei dem virtuellen Verkaufsgespräch (vgl. zum Folgenden Armutat et al., 2015).

Die Interaktion zwischen Coach und Klient findet nicht mehr unmittelbar Face-to-Face, sondern vermittelt durch technische Medien statt. Diese sogenannten Basismedien ersetzen die klassische Face-to-Face-Kommunikation zwischen Coach und Klient. Hierzu zählen Tele- und Videokommunikationssysteme wie Webex oder Zoom, aber auch synchrone und asynchrone Textkommunikation und avatarbasierte Kommunikation. Beispielsweise gibt es am Coachingmarkt Angebote, bei denen der Coachingprozess per E-Mail läuft, oder auch Plattformen, auf denen sich der Klient einloggt und die Kommunikation avatarbasiert erfolgt (für einen Überblick: Berninger-Schäfer, 2018).

Zudem kommen Tools zum Einsatz, die eine Problembearbeitung im virtuellen Raum unterstützen können. Diese Instrumente werden als Problemlösungsmedien bezeichnet. Hierbei lassen sich wiederum textbasierte, visuell-2D-basierte und visuell-3D-basierte Problemlösungstools unterscheiden. Ein klassisches Beispiel für ein visuell-2D-basiertes Tool ist die Whiteboardfunktion, die mittlerweile in jedem Videokonferenzsystem integriert ist (Berninger-Schäfer, 2018).

Zusammenfassend kann für den Begriff „virtuelles Coaching" folgende **Definition** vorgeschlagen werden (Armutat et al., 2015):

A. Tiffert, *Coaching von Mitarbeitern im persönlichen Verkauf*, essentials,
https://doi.org/10.1007/978-3-658-34300-2_6

▶ **Virtuelles Coaching** ist ein Coaching mithilfe moderner Medien, das sich auf zwei Ebenen entfalten kann: Auf einer ersten Basisebene werden moderne Kommunikationsmedien genutzt, um die Begegnung zwischen Coach und Coachee zu virtualisieren und die Interaktion von der Notwendigkeit der physischen Präsenz zu entkoppeln. Zusätzlich können auf einer zweiten Ebene virtuelle Tools für die Bearbeitung der Coachingthematik genutzt werden.

Virtuelles Coaching ist allerdings keine neue Erfindung, sondern insbesondere in den USA bereits seit mehr als zehn Jahren etabliert (vgl. Armutat et al., 2015). Vor allem seit den Kontaktbeschränkungen während der Coronapandemie werden aber im deutschsprachigen Raum Coachinggespräche ganz selbstverständlich über virtuelle Kommunikationswege wie Microsoft Teams, Webex oder auch Zoom geführt und entsprechende begleitende Tools wie Mural zur gemeinsamen Visualisierung genutzt.

6.2 Besondere Herausforderungen bei einem virtuellen Coaching

Bei der Umsetzung eines virtuellen Coachings ist eine Reihe von besonderen Herausforderungen im Vergleich zu einem klassischen Präsenzcoaching zu berücksichtigen (vgl. auch Armutat et al., 2015):

1. Deutliche Einschränkung des Austauschs „nonverbaler" Kommunikationssignale und damit deutliche Reduzierung der Wahrnehmung, aber auch der persönlichen Wirkung. Damit ist es u. a. schwieriger, mögliche Konflikte/Unklarheiten zu erkennen. Daher sollte der Coach in besonderer Weise die Beziehungsebene im Blick behalten und diese beispielsweise regelmäßig explizit ansprechen bzw. Reflexionsräume in die Gesprächsstruktur einplanen. Führungskräfte, die ihre Mitarbeiter coachen, sollten diesen Punkt beachten, auch wenn sie der Meinung sind, ihre Mitarbeiter gut zu kennen.
2. Insgesamt ist die Aufmerksamkeitsspanne bei virtuellen Kommunikationsformaten insgesamt geringer (Stichwort: Virtual Meeting Fatigue). Daher sollten Coachinggespräche eher kürzer sein – max. 60 bis 90 min – oder es sollte bei längeren Einheiten auf entsprechende Pausen geachtet werden.
3. Es besteht ein sehr hoher Anspruch an die Medienkompetenz des Coachs. Von ihm werden ein großes technisches Verständnis und ein versierter Umgang

mit den technischen Tools gefordert. Daher sollte sich der Coach entsprechend gut vorbereiten. Für eine Führungskraft in der Coachingrolle gilt dies uneingeschränkt und ist sicher eine besondere Herausforderung.

4. Im Hinblick auf den Einsatz unterschiedlicher IT-Tools ist ein hohes Maß an methodischer Kreativität gefragt, insbesondere bei der Visualisierung im Rahmen der Phase der Lösungsfindung. Grundsätzlich gilt zwar auch hier: „Weniger ist oft mehr!", aber generell sollte ein Coach einen guten Überblick über die unterschiedlichen IT-Tools haben und das optimale Tool für die jeweilige Fragestellung auswählen und anwenden können.
5. Hohe Anforderungen an die technische Ausstattung sowie die Kompatibilität zur IT-Umgebung. Sowohl auf Seiten des Coaches als auch aufseiten des Klienten sollte eine gute Webkamera vorhanden sein, dazu ein gutes Mikrofon sowie entsprechende Hardware für die Tonausgabe. Zudem sollte die IT-Infrastruktur die Nutzung externer IT-Tools ermöglichen. Dies ist oftmals gerade in größeren IT-Konzernstrukturen nicht automatisch gegeben und sollte vorab getestet werden.

Diese Aufzählung ist sicherlich noch nicht abschließend, allerdings sind damit einige der zentralen Aspekte benannt, auf die sich Klient und Coach im virtuellen Setting im Vorfeld gut vorbereiten sollten.

6.3 Ein Blick in die eigene Praxis

Während der Coronapandemie habe ich mein eigenes Beratungsangebot online ausgerichtet und dabei insgesamt ausgesprochen positive Erfahrungen gemacht.

Im Hinblick auf die technische Ausstattung nutze ich:

- Ein leistungsfähiges MacBook Pro, auf dem die verschiedenen Videokonferenzsysteme jeweils als Vollversion laufen.
- Ein iPad, welches ich in die Konferenzsysteme eingebunden habe und zusammen mit dem Programm Goodnotes (www.goodnotes.com) und einem Apple Pencil für handschriftliche Visualisierungen nutze.
- Weiterhin verwende ich ein sehr hochwertiges Kamera- und Audiosystem mit Fernbedienung für die Kamera (Logitech Group).
- Die Kamera steht auf einem Stativ direkt vor einem zweiten Monitor. So kann ich die Teilnehmer auf dem Bildschirm sehen und Augenkontakt ist möglich.
- Dank der Fernbedienung der Kamera kann ich mich frei im Raum bewegen und mit dem Klienten beispielsweise am Thema Körpersprache arbeiten.

Tab. 6.1 Praxisbewährte IT-Tools für virtuelles Coaching

Name des Tools	Anwendungssituation	Website
Trello	Gemeinsames Brainstorming, Erstellen von Projektlisten	www.trello.com
Mind Manager	Gemeinsames Brainstorming, Strukturierung von Inhalten; Ideenentwicklung	www.mindmanager.com
Ideaflip	Gemeinsames Visualisieren, leistungsfähiges Whiteboard	www.ideaflip.com
Mentimeter	Erstellung von virtuellen Abfragen, Skalierungsfragen	www.mentimeter.com
Loom	Erstellung von Screencasts, Videopräsentationen zur Wissensvermittlung	www.loom.com
Smaply	Spezielles Tool zur Visualisierung von Prozessabläufen (Customer Journey)	www.smaply.com

- Da ich oft Teamkonstellationen mit Lego-Figuren visualisiere, nutze ich zudem eine zweite Webcam i. S. einer „Dokumentenkamera", um die Aufstellung der Lego-Figuren zu zeigen.

Es hat sich insgesamt gezeigt, dass es möglich ist, sowohl im Einzelsetting als auch im Gruppenformat Coachings online umzusetzen und eine sehr positive Teilnehmerresonanz zu erhalten. In Tab. 6.1 sind verschiedene Tools zusammengefasst, die sich im virtuellen Coaching bewährt haben.

7 Abschließende Anmerkungen

7.1 Schlussfolgerungen

Die Vorteile eines Coachings liegen auf der Hand: Mitarbeiter, die ihren eigenen Lösungsweg entwickeln, übernehmen Verantwortung, agieren zielgerichteter und sind häufig auch in anderen Situationen besser in der Lage, selbstständig Lösungen zu finden. Die Aufgabe der Führungskraft ist es, den Prozess der Lösungsfindung zu gestalten, Fragen zur Anregung von Selbstreflexion zu stellen, auf gute Rahmenbedingungen zu achten – und eben weniger Probleme selbst zu lösen!

Wenn Führungskräfte ein solches Vorgehen erlernen und bei gemeinsamen Kundenbesuchen umsetzen, können daraus erfahrungsgemäß wichtige Katalysatoren für wertvolle Entwicklungsschritte des Mitarbeiters werden.

Was können nun Führungskräfte selbst tun, um ihre Mitarbeiter besser coachen zu können? Auch hier gilt, dass entsprechende Coachingkompetenzen im Rahmen eines kontinuierlichen Prozesses entwickelt werden sollten. Spezielle Ausbildungsprogramme können dabei helfen, notwendige Methoden zu erlernen und zunächst im geschützten Rahmen auszuprobieren, bevor es dann an die Umsetzung mit den Mitarbeitern geht. Oberstes Ziel ist es auch hier, dass Führungskräfte ihre eigenen und für sich stimmigen Ansätze finden und somit nachhaltig immer besser werden.

Neben einer fundierten eigenen Ausbildung sollten Führungskräfte sich auch immer wieder selbst die Möglichkeit organisieren, die eigenen Coachingerfahrungen mit einem geschulten Begleiter im vertraulichen Rahmen zu reflektieren.

A. Tiffert, *Coaching von Mitarbeitern im persönlichen Verkauf*, essentials,
https://doi.org/10.1007/978-3-658-34300-2_7

7.2 Fragen zur Selbstreflexion für die Führungskraft im Vertrieb

Folgende Fragen und Aufgaben haben sich zur Anregung der Verarbeitung der Inhalte und zur Vorbereitung des Wissenstransfers bewährt:

- Was verstehen Sie unter dem Begriff „Coaching“? Worin sehen Sie den Unterschied zu anderen Formen der Mitarbeiterentwicklung?
- Was ist die Grundidee von Coaching? Wie soll Coaching wirken und was ist dabei wichtig?
- Welche besonderen Anforderungen stellt ein Coaching grundsätzlich an den Klienten?
- Welche Methoden für ein Coaching von Mitarbeitern gibt es? Welche Methode passt besonders gut zu Ihnen? Wann können Sie damit arbeiten?
- Was sind die besonderen Herausforderungen beim Coaching von Mitarbeitern durch ihren Vorgesetzten?
- Erklären Sie einem neutralen Dritten – jemandem, der dieses Buch nicht gelesen hat – die Grundidee eines Coachings von Mitarbeitern.
- Wie wollen Sie die Ideen aus diesem Buch in Ihrem Unternehmen umsetzen? Wann fangen Sie damit an? Was ist hierzu ein konkreter erster Schritt? Wie genau gehen Sie dabei vor? …

Was Sie aus diesem *essential* mitnehmen können

- Einen fundierten Einblick in die Hintergründe zum Coaching vom Mitarbeitern
- Einen Überblick über bewährte Methoden für die Coachingpraxis als Führungskraft
- Einen konkreten Erfahrungsbericht zum Stand der Dinge, wie ein Mitarbeitercoaching im persönlichen Verkauf heute umgesetzt wird
- Einen fundierten und bewährten Leitfaden, um Mitarbeiter nachhaltig wirksam bei der Entwicklung der eigenen Kompetenzen zu begleiten

A. Tiffert, *Coaching von Mitarbeitern im persönlichen Verkauf*, essentials,
https://doi.org/10.1007/978-3-658-34300-2

Literatur

Armutat, S. et al. (2015). *Virtuelles Coaching – Bilanz und Orientierungshilfe.* Dgfp Praxispapiere (8). https://www.dgfp.de/hr-wiki/Führen_und_coachen_in_der_Praxis.pdf. Zugegriffen: 5. März 2021.

Backhaus, K., & Voeth, M. (2014). *Industriegütermarketing: Grundlagen des Business-to-Business-Marketings* (10. Aufl.). Vahlen.

Benkenstein, M., & Uhrich, S. (2020). *Strategisches Marketing: Ein wettbewerbsorientierter Ansatz* (4. Aufl.). Kohlhammer.

Berninger-Schäfer, E. (2018). *Online-coaching.* Springer.

Binckebanck, L. (2020). Digitalisierung als Führungsaufgabe. In L. Binckebanck, A.-K. Hölter, & A. Tiffert (Hrsg.), *Führung von Vertriebsorganisationen* (2. Aufl., S. 148–191). Springer Gabler.

Greif, S. (2008). *Coaching und ergebnisorientierte Selbstreflexion: Theorie, Forschung und Praxis des Einzel- und Gruppencoachings.* Hogrefe.

Hossiep, R., Bittner, J. E., & Berndt, W. (2020). *Mitarbeitergespräche: Motivierend, wirksam, nachhaltig, Praxis der Personalpsychologie* (2. Aufl.). Hogrefe.

Kuhl, J. (2001). *Motivation und Persönlichkeit: Interaktionen psychischer Systeme.* Hogrefe.

Looss, W. (1997). *Unter vier Augen: Coaching für Manager.* moderne industrie.

Mai, J. (2021) Coaching: Tipps wie Sie einen seriösen Coach finden. https://karrierebibel.de/coaching/. Zugegriffen: 23. Febr. 2021.

Meffert, H., Burmann, C., & Kirchgeorg, M. (2018). *Marketing: Grundlagen marktorientierter Unternehmensführung; Konzepte – Instrumente – Praxisbeispiele* (13. Aufl.). Springer Gabler.

Nerdinger, F. W. (2000). *Psychologie des persönlichen Verkaufs.* Oldenbourg.

Prohaska, S. (2013). *Coaching in der Praxis: Tipps, Übungen und Methoden für unterschiedliche Coaching-Anlässe.* Jungfermann.

Rauen, C. (2001). *Coaching. Innovative Konzepte im Vergleich* (2. Aufl.). Verlag für Angewandte Psychologie.

Rauen, C. (2005). Varianten des Coachings im Personalentwicklungsbereich. In C. Rauen (Hrsg.), *Handbuch Coaching* (3. Aufl., S. 111–136). Hogrefe.

Rauen, C. (2005). Der Ablauf eines Coaching-Prozesses. In C. Rauen (Hrsg.), *Handbuch Coaching* (3. Aufl., S. 273–288). Hogrefe.

Rauen, C. (2014). *Coaching. Praxis der Personalpsychologie* (3. Aufl.). Hogrefe.

A. Tiffert, *Coaching von Mitarbeitern im persönlichen Verkauf*, essentials,
https://doi.org/10.1007/978-3-658-34300-2

Spreng, H.-J. (2005). Business Coaching – Eine Dreiecksbeziehung. In C. Rauen (Hrsg.), *Handbuch Coaching* (3. Aufl., S. 227–240). Hogrefe.

Tiffert, A., & Binckebanck, L. (2015). Veränderungen neu denken. *Sales. Management Review, 3*, 12–18.

Tiffert, A. (2006). *Entwicklung und Evaluierung eines Trainingsprogramms zur Schulung von Techniken des Emotionsmanagement: Eine Längsschnittstudie im persönlichen Verkauf*. Hampp.

Tiffert, A. (2016). Vertriebsmitarbeiter erfolgreich coachen. *Sales. Management Review, 2*, 94–101.

Tiffert, A. (2019). *Customer Experience Management in der Praxis: Grundlagen – Zusammenhänge – Umsetzung*. Springer Gabler.

Tiffert, A. (2020). Everything changes – Systemische Ansätze für das Change Management. In L. Binckebanck, A.-K. Hölter, & A. Tiffert (Hrsg.), *Führung von Vertriebsorganisationen* (2. Aufl., S. 545–565). Springer Gabler.

Wehrle, M. (2020). *Die Coaching-Schatzkiste: 150 kostbare Impulse für Entdecker – Darunter 50 Methoden, 30 Checklisten, 20 Storys und über 850 Coaching-Fragen* (4. Aufl.). Manager Seminare.

Whitmore, J. (1994). *Coaching für die Praxis. Eine kläre, prägnante und praktische Anleitung für Manager, Trainer, Eltern und Gruppenleiter*. Campus.

Printed by Printforce, the Netherlands